Eva Schirmer

Eva – Maria

Eva Schirmer

Eva-Maria

Rollenbilder
von Männern für Frauen

 Burckhardthaus-Laetare Verlag

© 1988 Burckhardthaus-Laetare Verlag GmbH, Offenbach/M.

Alle Rechte vorbehalten.

Umschlaggestaltung: Beate Schend, Berlin
unter Verwendung einer Titelminiatur aus dem Stundenbuch
der Katharina von Kleve,
© Pierpont Morgan Library, New York

Herstellung: Joachim Emrich, Gelnhausen
Satz: Fotosatz Meinecke, Groß Denkte
Druck und Verarbeitung: RGG-Druck, Braunschweig

CIP-Titelaufnahme der Deutschen Bibliothek

Schirmer, Eva:
Eva-Maria: Rollenbilder von Männern für Frauen / Eva Schirmer.
Offenbach/M.: Burckhardthaus-Laetare Verl., 1988

ISBN 3-7664-9258-6

A Einleitung

Eva-Maria – Generationen von Mädchen führten diesen Dop-
pelnamen. Und ganz gewiß nicht nur, weil es so schön klingt.
Daß ein Programm dahintersteckte, merkte ich selbst vor fast 30
Jahren zum ersten Mal, als ich bei der Ausstellung einer Semi-
narkarte meinen Vornamen nannte: Eva Magdalena. Der Aus-
stellende erklärte, daß sei zuviel! Zwei so sündige Namen zusammen auf einmal, das ginge nicht. Und schrieb „Eva-Maria"
auf meine Karte. Als Assistent für Neues Testament hätte er das
eigentlich besser wissen müssen, vor allem, was Maria Magdalena angeht, die bis heute zu Unrecht als ehemalige Prostituierte und „große Sünderin" durch die theologische Literatur
geistert. Aber abgesehen von diesem Rufmord an einer bedeu-
tenden Frau des Neuen Testaments lernte ich: Eva war eine
„sündige" Frau, und der Zusatz Maria im Namen schien das auf-
zuheben. Um welche gegensätzlichen Vorstellungen im einzelnen es dabei geht, davon soll in diesem Band ausführlicher die
Rede sein.
Vielen mag diese Thematik heute antiquiert und unnütz vor-
kommen; gerade Frauen, die sich mit biblischen Frauengestalten beschäftigen, meinen vielleicht, diese Polarisierung sei
heute völlig überholt.
Ich denke aber, daß in vielen Köpfen noch die gegensätzlichen
Frauenbilder verankert sind, bei manchen sicher vergessen oder
überlagert von neuen Erkenntnissen über die beiden Frauengestalten, die im wesentlichen der feministischen Theologie zu
danken sind.

In einem Kurs innerhalb der religionspädagogischen Ausbildung versuchten wir als Annäherung an das Thema aufzuschreiben: Was fällt uns ein zu Eva – was zu Maria?

Und obwohl viele Frauen schon jahrelang in Ausbildung und Praxis als evangelische Religionslehrerinnen auch feministisch-theologisch gearbeitet hatten, fand sich auch bei uns das durch die Kirchengeschichte geschleppte Klischee.

Eva wurde in erster Linie mit Begriffen assoziiert, die sich der „Sünde" zuordnen lassen (30 Nennungen), und weiterhin mit „Sexualität" (11). „Partnerschaft" (18) und „Schöpfung" (8) spielten neben positiv empfundenen Eigenschaften – klug, selbstbewußt, aktiv u. ä. – (10) zwar keine unerhebliche Rolle (hier zeigte sich vermutlich das Ergebnisse eines langen Lernprozesses) – dennoch war „Sünde" demgegenüber stark gewichtet.

Die Assoziationen zu Maria waren ambivalent, eher ablehnend. Unter dem Generalnenner „katholisch" ließen sich die meisten Nennungen zusammenfassen (26), Eigenschaften entsprechend der offiziellen Mariologie – demütig, keusch, heilig – ergaben noch einmal 23 Nennungen. Viele Stimmen gab es zum Stichwort Mutterschaft-Jungfrau (24), ein Teil assoziierte „Weihnachten" (12) und nur 3 bezogen sich auf das Verhältnis Marias zu dem erwachsenen Sohn Jesus. Die unterdrückte Bedeutung der Maria im Protestantismus wurde einmal benannt. Das Generalthema war damit angeschlagen: hier die sexuelle Frau, die zur Sünde verführt, da die asexuelle sündlose Jungfrau-Mutter. Die inhaltliche Verbindung von Sünde und Sexualität wurde in der Gruppe nicht mehr gesehen, merkwürdigerweise tauchte auch der Tod im Zusammenhang der Sünde nicht auf, den der Genesistext ja nahelegt.

Mit dieser ersten Bestandsaufnahme hatten wir jedoch die Grundzüge der gegensätzlichen Figuren so erfaßt, wie sie schon früh in der Kirchengeschichte festgelegt wurden: die sexuell verführerische, ungehorsame Frau (die durch ihre Sünde den Tod bringt), auf der einen, die keusche, gehorsame, demütige auf der anderen Seite.

Diese grundsätzliche Polarisierung hat im Lauf der männlichen Theologiegeschichte noch sehr seltsame und geradezu absurde Züge angenommen, auf die im entsprechenden Kapitel genauer eingegangen werden soll.

Selbst wenn wir heute bestimmte Bilder und Gegenüberstellungen als frauenfeindlich, sexualfeindlich und unterdrückerisch entlarven können, bleibt noch genügend entsprechende Ideologie hängen, die Vor-Urteilen Vorschub leistet, die wir dann auch noch in den neuesten und anerkannt wissenschaftlichen Kommentaren wiederfinden können. Zu tief sitzen offensichtlich die Bilder, sowohl solche aus Texten, als auch solche aus Werken der bildenden Kunst. Im folgenden will ich versuchen, einiges davon aufzuzeigen. Zunächst sollen jedoch die für beide Frauengestalten zentralen Bibeltexte kurz interpretiert werden: Genesis 2 und 3 für Eva und Lukas 1 und 2 für Maria (mit kurzen Hinweisen auf weitere biblische Stellen). Dabei möchte ich die Texte nicht im einzelnen interpretieren, sondern verweise auf die relevanten Kommentare und vorliegenden Einzelexegesen.

I   Eva nach Genesis 2 und 3

Eva ist im Unterschied zu Maria zunächst einmal eine mythische und keine historische Figur (wobei dahingestellt bleiben soll, wieweit Maria eine „historische" Persönlichkeit ist, jedenfalls nach den vorliegenden Texten). In Eva und ihren Mann Adam projizieren Juden aus der Zeit etwa um 950 v. Chr. ihre Vorstellungen von der Erschaffung der Menschen. Die hinter diesem Mythos liegenden Vorstellungen sind weit älter, sie sind aber in dieser Form um 950 von Menschen komponiert worden. Mit der Geschichte von der Erschaffung und den Taten der ersten Menschen versuchen die Juden dieser Zeit, ihre sozialen Verhältnisse – und die Machtstruktur ihrer Zeit – zu erklären und zu legitimieren. Letzteres wird von Theologen meist bestritten.[1]
Eva gibt es danach nur im Zusammenhang mit Adam, genauer, es gibt sie *nach* ihm (im Unterschied zum zeitlich späteren 2. Schöpfungsbericht aus Genesis 1, wo beide Menschen, als Mann und Frau, gleichzeitig geschaffen werden). Genesis 2 und 3 gehören ursprünglich nicht zusammen; die Erschaffung der Menschen und ihr Leben im Paradiesgarten ist die eine Überlieferung, die Geschichte vom „Sündenfall" die andere. Beide Teile sind in der Redaktion kunstvoll zusammengefügt – das Baum-Motiv verbindet sie.
Es gibt zwei Bäume, den der Erkenntnis und den des Lebens. Nur vom Baum der Erkenntnis dürfen beide nicht essen, weil sie sonst sterben müssen.
Erst der Genuß einer Frucht vom Lebens-Baum verheißt ewiges Leben – die Schlange hat also in ihrer Rede ganz recht. Oder anders herum: Die Sterblichkeit der Menschen wird bereits vorausgesetzt. Ich möchte im Zusammenhang von Genesis 2 und 3 nicht ausführlich über einen dahinterliegenden matriarchalen Mythos reflektieren, der hier patriarchal ver-kehrt worden ist[2], werde aber an einigen Stellen auf Einzelheiten hinweisen. Mein

Thema ist der vorliegende Text und die nachfolgenden Interpretationen.

Auch dieser Endtext enthält noch Hinweise auf die vermutlich ursprünglich stärkere Bedeutung der Frau gegenüber dem Mann. Einen Hinweis geben die Namen: Adam ist der „Erdene", der von Erde *(adamā)* Genommene. Adam kann zugleich Gattungsname wie Eigenname dieses Menschen sein: der Mensch. Im Hebräischen ist dieses Wort aber nicht verwandt mit „Mann". Die Bezeichnungen des Menschen Adam wechseln in unserm Text zwischen Mensch *(adām)* und Mann *(īsch)*. Sehr genau ist dieser Wechsel an der Übersetzung von Claus Westermann zu erkennen.[3]

Eva ist die „Lebengebende" oder die „Mutter allen Lebens" (übrigens ein alter Titel von Fruchtbarkeitsgöttinnen). Sie wird im Text von Adam so genannt, bevor sie schwanger wird oder Kinder gebiert.

Bei ihrer Erschaffung nennt er sie allerdings *„ischā"* (Frau), und er selbst ändert seine Bezeichnung in diesem Augenblick zu *„īsch"*. Indem er *„ischā"* benennt, muß er sich selbst neu definieren. (Luther übersetzt darum an dieser Stelle „Männin", um

Abb. 1: Ein mitannisches Rollsiegel zeigt die nackte Göttin neben einem stilisierten Baum; ganz rechts das aus mehreren Arten zusammengesetzte Fabeltier.

den Wortzusammenhang deutlicher zu machen.) Ich denke, es ist wichtig, daß er Mann erst wird im Gegenüber, er ist es nicht schon vorher.

Eva ist – vor allem in Genesis 3 – die ungleich aktivere: Sie redet mit der Schlange, sie nimmt den „Apfel" und gibt Adam davon. Gerade diese Attribute – die Schlange, der Baum mit den Früchten – weisen auf eine alte Göttin hin. In den Mythen der Völker umher gibt es die Göttin in Verbindung mit dem Lebensbaum, dessen Früchte sie vergibt und ihrem Helden damit ewiges Leben verleiht.[4]

Auf syrischen Rollsiegeln finden wir den Baum, bewacht von einer Art Drachen, und die Göttin daneben; Hera besaß einen Garten mit goldenen Äpfeln, der von einem Drachen bewacht wurde . . . (s. Abb. 1, S. 11).

Das Interesse des Schreibers ist selbstverständlich ein anderes, wenn er hier Eva die Frucht nehmen und Adam geben läßt. Aber er spricht nicht von „Verführung": sie nimmt, ißt (fällt nicht tot um), gibt Adam, und er nimmt; keinerlei Vorhaltungen, Zögern, Widerspruch seinerseits – inwiefern also Verführung?

Abb. 2:
Eine der traditionellen Darstellungen der Erschaffung Evas: Die vollständige Frau wird aus Adams Seite „geboren".

Daß Adam passiv dargestellt wird gegenüber Eva, ist nicht erst feministischen Theologinnen aufgefallen[5]: In der rabbinischen Tradition wird tadelnd vermerkt, daß Eva so „schwatzhaft" war und Adam es ihr nicht verboten habe. Neben dem Essen war dies seine Sünde: Er hätte ihr die Diskussion mit der Schlange untersagen müssen![6] Anders als in der christlichen Auslegungsgeschichte legen jüdische Ausleger mehr Nachdruck auf die Sünde Adams und lasten den Sündenfall nicht in erster Linie oder gar ausschließlich Eva an.

Auch diese Auslegung zeigt: Hier drückt eine patriarchale Gesellschaft ihr Weltbild aus. Es ist nicht sexual- oder frauenfeindlich, Frauen werden aber als minderrangig betrachtet.

In unserem Text finden wir diese Haltung zunächst in der Erschaffung der Eva *nach* und *aus* Adam.

Ob es sich dabei um eine männliche Aneignung des Gebärenkönnens handelt[7] und ob die Rippe eine nicht mehr verstandene Erinnerung an eine babylonische Göttin[8] ist, soll hier dahingestellt bleiben. Es steht übrigens auch nichts davon im Text, daß die Frau aus Adam „geboren" wurde, wie uns fälschlicherweise

Abb. 3: Herrad von Landsberg hält sich an die Textvorlage: Gott baut Eva aus der herausgenommenen Rippe des schlafenden Adam.

die meisten Illustrationen zu diesem Thema glauben machen wollen. Geschrieben steht, daß Gott eine Rippe aus der Seite des schlafenden Adam herausnahm, die Wunde wieder verschloß und aus dieser Rippe die Frau „baute". Ich kenne nur ein einziges Bild, das den Vorgang auch genau so darstellt – es ist die Illustration einer Frau zu diesem Thema, die der Herrad von Landsberg in ihrem „Hortus deliciarum" (s. Abb. 2 u. 3, S. 12f). Dennoch bleibt festzuhalten: Die Frau ist die Zweite, der Mann der Erste. Und wenn sich Feministinnen heute mit dem beliebten Spruch trösten „Als Gott Adam erschuf, übte sie bloß", so sollte das nicht darüber hinwegtäuschen, daß diese Reihenfolge eine Rangfolge darstellte. Und bezeichnenderweise wurde immer auf diesen und nie auf den „gleichrangigen" Schöpfungsbericht aus Genesis 1 zurückgegriffen. Schon im Neuen Testament betont Paulus:

Ich lasse euch aber wissen, daß Christus ist eines jeden Mannes Haupt; der Mann aber ist des Weibes Haupt; Gott aber ist Christi Haupt.
Der Mann aber soll das Haupt nicht bedecken, denn er ist Gottes Bild und Abglanz; die Frau aber ist des Mannes Abglanz.
Denn der Mann ist nicht vom Weibe, sondern das Weib ist vom Manne.
Und der Mann ist nicht geschaffen um des Weibes willen, sondern das Weib um des Mannes willen (1 Kor 11, 3.7–9).

Und noch Karl Barth bemüht die „Schöpfungsordnung" für die Vorrangstellung des Mannes.[9]
Die Frau wurde für Adam als „Hilfe" geschaffen. Als „Gehilfin" ist sie uns aus Luthers Übersetzung bekannt. Dieses Wort legt für uns eine untergeordnete Bedeutung nahe, die wir aus manchen Berufsbezeichnungen kennen. Der hebräische Begriff *ēzer kenegdō* (eine Hilfe ihm gegenüber) bedeutet mehr; im Alten Testament taucht er sonst fast nur in Verbindung mit Gott auf, z. B. Ps 70,6:

Oh Gott eile zu mir; meine Hilfe
und mein Retter bist Du . . .

Hier haben Kirchenväter und Theologen später versucht, die Frau kleiner zu machen, als Genesis 2 sie vorsah. Einige ausgewählte Textbeispiele sollen das im Kapitel „Eva-Rezeption in der Kirchengeschichte..." (s. o. S. 33) deutlicher belegen. Auch die Rippe gab im Lauf der Zeit zu allerhand frauenfeindlichen Interpretationen Anlaß. – Der Jubel dagegen, mit dem Adam seine *ischā* begrüßt, ist nur selten thematisiert worden. Die Bemerkung, daß darum ein Mann seine Eltern verlassen und seinem Weibe anhängen wird und sie ein Fleisch sein werden (vgl. Gen 2, 24), ist lediglich als Hinweis auf die Institution der (Ein-) Ehe und Kleinfamilie interpretiert worden. Bis heute wird auch eilfertig darauf hingewiesen, daß es sich beim Verlassen des Elternhauses durch den Mann keineswegs um ein Relikt matrilokaler Überlieferung handeln kann.[10]

Ich möchte festhalten: *Genesis 2 und 3 sind nicht ausdrücklich frauenfeindlich – es sind patriarchal geprägte Texte.*

Dies kann natürlich als frauenfeindlich interpretiert werden und birgt gewiß die zukünftigen Möglichkeiten entsprechenden Denkens und Handelns. Aber ich möchte darauf hinweisen, daß matriarchal auch nicht von vornherein als männerfeindlich definiert wird.

Die Verbindung von Sünde und Sexualität ist nur sehr zart angedeutet und nicht ursächlich mit der Frau verbunden, wie dies später – vor allem durch Augustin und die Erbsündenlehre – geschehen sollte. Heißt es doch im letzten Vers von Kap. 2 – gleichzeitig als Verbindungsglied zwischen den beiden Geschichten: Sie waren nackt, und sie schämten sich nicht, so erkannten sie nach dem Genuß der verbotenen Frucht ihre Nacktheit, und sie schämten sich voreinander und vor Gott.

Nacktheit spielte in den kanaanäischen Fruchtbarkeitsreligionen gerade auch im Kult eine bedeutende Rolle. Vermutlich wird mit einer solchen Bemerkung Stellung gegen diesen Kult bezogen, denn Nacktheit war vor JHWH ein Greuel.

Die Befürchtung, daß die Frau eher zur Sexualität neigt als der Mann, ist möglicherweise in ihrem Strafspruch angedeutet: Ihr Verlangen wird nach dem Mann sein. Ähnliches wird von ihm nicht gesagt, seine Sexualität ist überhaupt nicht Thema der Strafsprüche. Mit einiger Vorsicht könnte sogar aus der Bemerkung, daß er ihr Herr sein solle, auch *seine Herrschaft über ihre*

Sexualität abzulesen sein. Möglicherweise trägt Eva etwas mehr Schuld als Adam, wenngleich er keineswegs entlastet wird. Beide werden bestraft, sie aber mehr als er, und dies wird häufig in Richtung einer stärkeren Schuld der Frau gedeutet, insbesondere bei christlichen Auslegern, die bis dahin gehen, der Frau (fast) allein die Schuld zu geben, während jüdische Ausleger an der gemeinsamen Schuld eher festhalten.

Im Unterschied zur Strafe der beiden Menschen wird die Schlange *verflucht*. Elga Sorge bemerkt m. E. sehr richtig dazu, daß dies ein Hinweis auf die gefährliche mythische Gewalt ist, während männliche Exegeten sich alle Mühe geben, einen mythischen Zug an der Schlange auszuschließen und sie als Gottes Geschöpf oder einfach als gefährliches Tier ansehen wollen.[11]

Die Strafe der beiden Menschen zeigt die „klassische" Arbeits- und Eigentumsverteilung – gleichzeitig den Stand der Produktionsverhältnisse zur Zeit der Niederschrift: *Er* bearbeitet das Feld, das *ihm gehört*, im Schweiße seines Angesichts, *sie* bekommt Kinder (erstaunlicherweise sind es *ihre* Kinder, nicht seine), ist dem Mann untertan und hat Verlangen nach ihm. *Sie arbeitet nicht* – obwohl selbstverständlich die Frauen damals wie heute arbeiteten.

Wurde ihre Arbeit schon damals als „Mithilfe" (auf dem Feld) oder als nicht weiter erwähnenswerte Reproduktionstätigkeit gewertet? Es gibt andere Texte im Alten Testament, die die Arbeit einer Frau hoch bewerten, wie z. B. Sprüche 31, 10–31, bezeichnenderweise unter „Lob der Hausfrau" bekannt. Der Schreiber von Genesis 2 und 3 hält es jedoch nicht für nötig, die Arbeit der Frau im Wort sichtbar zu machen.

Der Strafsatz über die Arbeit des Mannes spiegelt die Realität Palästinas wider – harte, steinige Böden – und hält vielleicht die Erinnerung an frühere Zeiten fest, an den Garten (Oasen, Garten- und Hackbauernkultur), der ein weniger mühevolles Leben ermöglichte, wenngleich auch er gepflegt und bebaut werden sollte (Gen 2, 15).

Es ist von Auslegern zu allen Zeiten und bis heute immer wieder gesagt worden, daß es sich hier ja um eine Strafe aufgrund einer Schuld handele, die Erzählung also eine ätiologische (begründende) sei, und infolgedessen nicht von einer Legitimierung von Herrschaft über die Frau durch alle Zeiten gesprochen werden könne.[12]

Der Text selbst spricht aber an keiner Stelle davon, daß und wie dieser Zustand *veränderbar* sei. Damit wird er m. E. festgeschrieben und legitimiert. Die Auslegungsgeschichte gibt dieser Tendenz recht, und selbst gegenwärtige Exegeten behaupten im selben Atemzug, in dem sie die zeitlose Herrschaft verneinen, doch eine grundsätzliche Überlegenheit des Mannes.[13]

Zusammenfassung

☐ Genesis 2 und 3 ist nicht explicit frauenfeindlich. Die Texte spiegeln die Realität der patriarchalen Gesellschaft ihrer Zeit. Sünde und Sexualität sind nicht monokausal miteinander verbunden. Dennoch ist selbstverständlich, daß die Frau nachrangig und dem Mann untertan ist, daß sie kein Eigentum an Grund und Boden hat. Ihre Bestimmung wird darin gesehen, Mutter zu sein.

☐ Es ist nicht von (sexueller) Verführung des Mannes durch die Frau die Rede; die Frau verführt ihren Mann nicht, sie gibt ihm von der Frucht, und er ißt.

☐ Sexualität ist positiv bewertet: Der Mann jubelt über die Frau, er wird sein Elternhaus verlassen und „ein Fleisch" mit ihr sein.

☐ Ein leiser Zusammenhang von Sünde und Sexualität ließe sich daraus ablesen, daß sich die Erkenntnis von „gut und böse" darin äußert, daß sie ihre Nacktheit bemerkten und sich dessen schämten.

Genau diesen Zusammenhang werden aber christliche Interpreten herausstellen und ausbauen zu einem System, in dem Frau, Sexualität, Sünde und Tod zu einem Syndrom verschmolzen werden, das dann in „Eva" personalisiert wird. Sünde ist bei einer Frau fast immer gleichgesetzt mit sexuellen Vorstellungen. Ein erstes bedeutendes Beispiel ist Maria Magdalena. Sie wird schon früh als die „unbekannte Sünderin" aus Lukas 7, 36 ff. angesehen, die ja auch nur eine Prostituierte sein kann, eben weil die Sünde einer Frau sexuell bestimmt ist. Im neutestamentlichen Text steht nichts darüber, schon gar nicht über eine Identität der unbekannten Sünderin mit Maria Magdalena. In der frühen Kirche hatte „man" aber schon bald ein Interesse daran, Frauen aus leitenden Positionen auszuschalten – der Rufmord an einer der bedeutendsten Frauen des Neuen Testaments war ein Schritt dahin –, beschuldigt wurde sie natürlich sexueller Ausschweifungen.

Der Prototyp der gefährlichen Frau aber war Eva. Im Sinne dualistischen Denkens ließ sich dieser bedrohlichen Figur aber nur eine gegenüberstellen, die genau das Gegenteil war: nicht sexuell, gehorsam (gläubig) und nicht dem Tode verfallen. *Maria*, die Mutter Jesu, der im Neuen Testament bereits der zweite Adam genannt wird (vgl. Röm 5, 14, 19; 1 Kor 15, 22), wurde in diesem Sinne fast zur Unkenntlichkeit zurechtgestutzt und damit Frauen, die eigentlich alle so waren wie Eva, als unerreichbares Vorbild hingestellt.

II Maria in den neutestamentlichen Texten

Die neutestamentlichen Berichte über Maria sind unterschiedlich und, gemessen an der kirchengeschichtlichen Überlieferung, eher spärlich. Das spätere mariologische System der Beinah-Göttin Maria rechtfertigen sie nicht. Paulus erwähnt sie überhaupt nicht namentlich. Gal 4,4 schreibt er lediglich „...von einer Frau geboren und unter das Gesetz getan."

Das Markusevangelium als das älteste der Evangelien, berichtet von Maria eher nebenbei und mit leicht negativem Unterton (3,31; 6, 1–6): Maria kommt mit den Brüdern Jesu und will den Sohn sehen (nach Hause holen?), sie wird abgewiesen. Die Parallelstellen bei Matthäus (12, 46–50) und Lukas (8, 19–21) sind ähnlich, bei Lukas – dem frauenfreundlichsten Evangelium – etwas abgeschwächt.

Auch Matthäus stellt Maria im ganzen nicht sehr positiv dar. Neben der eben erwähnten Stelle schildert er Maria in seiner Version der Geburtsgeschichte passiv. Der Handelnde ist Joseph, der Maria wegen ihrer Schwangerschaft verlassen will (hier wird eindeutig davon ausgegangen, daß Joseph nicht der Vater von Jesus ist, obgleich andererseits der Stammbaum wieder über Joseph auf David und schließlich bis zu Adam zurückverfolgt wird), sie auf Geheiß eines Traum-Engels aber bei sich behält, nach Ägypten führt und wieder zurückbringt. Weder spricht Maria, noch tut sie irgendetwas, sie läßt mit sich geschehen.

Johannes überliefert die Begegnung Marias mit ihrem erwachsenen Sohn bei der „Hochzeit von Kana" (2, 1–11). Maria ist überzeugt von seiner Mission, sie ist *„Mittlerin"* zwischen ihm und den anderen. Als einziger erwähnt Johannes *die Mutter Jesu unterm Kreuz* – allerdings ohne Namensnennung. Beide Texte werden später aus unterschiedlichen Gründen wichtig für die Lehre von der Maria, die Mariologie.

Am positivsten stellt Lukas Maria dar: Zentraler Text – auch für die meisten Menschen heute – ist die Geburtsgeschichte mit der vorangehenden Verkündigung dieser Geburt und der nachfolgenden „Darstellung im Tempel".

In der Apostelgeschichte des Lukas finden wir Maria unter den Jüngern nach Auferstehung und Himmelfahrt „im Obergemach" und gemeinsam betend (1, 13–14). Auch diese Stelle wird später eine Rolle spielen für die Darstellungen des Marienlebens und als Ausgangsszene dafür, daß Maria im Kreis der Jünger stirbt bzw. in den Himmel aufgenommen wird, wenngleich der eigentlich dieser Vorstellung zugrundeliegende Text ein apokrypher ist.

Der ausführlichste und entscheidende Text über Maria aber ist *Lukas 1 und 2.* Zu den bereits vorhandenen Gesamtauslegungen will ich keine neue hinzufügen, nur einige grundsätzliche Anmerkungen machen und einige Ergänzungen an Stellen, die bislang vielleicht nicht genügend beachtet worden sind.

Kap. 1 enthält die Vorgeschichte der Geburt Jesu, Kap. 2 die eigentliche Geburts- (die Weihnachts-)geschichte und die „Nachgeschichte" der Geburt bis zum 12jährigen Jesus im Tempel.

Eine mir außerordentlich einleuchtende These besagt, daß Lukas vermutlich *von Frauen mündlich tradierte Texte* verwendet und bearbeitet hat, ein Hinweis darauf könnte auch die Legende sein, nach der Lukas dies alles von Maria selbst erzählt bekommen habe. Für diese These spricht, daß in so breitem Rahmen von Empfängnis, Schwangerschaften und Geburten die Rede ist – im Zentrum steht der Dialog zweier schwangerer Frauen, der im „Magnifikat" der Maria (1, 46–55) gipfelt. Auch die alttestamentlichen Zitate und Anspielungen verweisen auf wunderbare Geburten bzw. Gebetserhörungen von Frauen, die um Kinder baten. Brigitte Kahl macht in ihrer außerordentlich interessanten (nicht feministischen) Exegese[14] zu Lukas 1 darauf aufmerksam, daß hier weibliche Zeitvorstellungen – orientiert an Schwangerschaftsdaten – das Heilsgeschehen strukturieren: im dritten Monat, im sechsen Monat, 9 Monate . . . Auch dies könnte ein Hinweis auf eine Frauentradition dieses Textes sein.

Auf jeden Fall hat Lukas eine sehr eigene Erzählung geschaffen, in der die Anfangsgeschichten von Johannes dem Täufer und von Jesus kunstvoll ineinander verwoben sind, über die Ankündigungen der Geburten, die Schwangerschaften und die Geburten selbst; die Mütter sind miteinander verwandt (1,36). Dies ist auch ein versteckter Hinweis auf die priesterliche Linie des erwarteten Messias bei Jesus. Elisabeth als Frau eines Priesters muß ebenfalls aus priesterlichem Geschlecht sein, und Maria wird als ihre Kusine vorgestellt. (Lukas betont an anderer Stelle die zweite Linie für den Messias, die Königslinie: im Stammbaum Jesu [3,31], der ebenfalls auf David führt, und in der Verkündigung [1,32], die Maria die Geburt eines Königs verheißt.)

Mit der verwandtschaftlichen Verflechtung kann Lukas möglicherweise auch andeuten, daß zwischen den Johannes-Jüngern (die es ja noch zu Lukas Zeiten gab) und den Jesus-Jüngern freundschaftliche Beziehungen bestanden. Allerdings macht Lukas immer wieder klar, wer hier den Vorrang hat, besonders deutlich in der Szene der beiden schwangeren Frauen. Brigitte Kahl ist in diesem Zusammenhang wichtig, daß hier das Gesetz der Väter und die Erbfolge des Älteren vor dem Jüngeren außer Kraft gesetzt ist.

Aber auch die Gegenüberstellung der Verkündigung an den „ungläubigen" Zacharias und die „gläubige" Maria (1,5–25. 26–38) macht den Vorrang des jüngeren Jesus deutlich.

Die Verkündigung von Schwangerschaft und Geburt Jesu an Maria ist der Text, auf dem später das Dogma von der (biologischen) *Jungfräulichkeit* und die Zuschreibungen von *Gehorsam* und *bedingungslosem Glauben* begründet wird. Er wird damit zum zentralen Gegentext zu Genesis 2 und 3 werden; wir finden die bildliche Darstellung dieser Szene später in der Gegenüberstellung zum Sündenfall. Wenn wir den Text selbst genau ansehen, stellen wir fest, daß die jungfräuliche Empfängnis und Geburt darin faktisch vage bleibt. Es könnte sich genauso gut um die Ankündigung einer Schwangerschaft handeln, die ganz natürlich zustande kommen wird. Es wird gesagt: „Du *wirst* schwanger *werden*" Und später: Der heilige Geist *wird* über dich kommen, und die Kraft des Höchsten wird dich überschatten. Ein begnadetes Kind wird geboren werden, ein König, dessen Reich kein Ende haben wird.

Mich hat diese kunstvolle Redeweise schon immer entzückt: Für jüdische Ohren war klar, hier handelt es sich nicht um eine „Jungfrauengeburt" im biologischen Sinn – das war unmöglich nach jüdischen Vorstellungen.

Lukas fährt in Kap. 2 ja auch fort, daß Joseph mit seiner schwangeren „Verlobten" nach Bethlehem zieht, ohne daß er klagt, sie habe ihn betrogen. Diese Version stammt aus dem Matthäus-Bericht, und unbewußt beziehen wir sie meist mit ein, wenn wir an die „jungfräuliche" Empfängnis und Geburt denken.

Da die Römer zu dieser Zeit das „ius primae noctis" für sich in Anspruch nahmen, gab es eine Art „Ausnahmegenehmigung" für Juden, mit ihren Verlobten zu schlafen, um jüdische Nachkommenschaft zu sichern.[15] Jesus wird später nicht umsonst als römischer Bastard verleumdet, und Lukas mußte schon um seiner jüdischen Leserschaft willen auf der Vaterschaft Josephs beharren. Auch sein Stammbaum weist – wenn auch etwas zögernd mit der Formulierung „wie man annahm, ein Sohn des Joseph" (3,23) – über Joseph auf David hin; und der Messias wurde aus Davids Geschlecht erwartet.

Die Ausdrucksweise muß nicht auf eine übernatürliche Zeugung hinweisen. Eva sagt nach der Geburt Kains „Ich habe einen Mann (!) gewonnen mit Jahwe" (Gen 4,1). Gott verheißt mit seinem Wort Sara und Hanna Söhne – die dann auf natürliche Weise gezeugt werden. Auch über Elisabeth wird in unserm Text unmittelbar im Anschluß an die „Kraft des Höchsten" mit einem Zitat, daß sich auf Sara bezieht, gesagt: Sie erwartet einen Sohn, sie, „die unfruchtbar hieß. Denn ‚kein Wort, das von Gott kommt, wird kraftlos sein'" (1,36).

Die Evangelien sprechen auch sonst unbefangen von Joseph als Jesu Vater:

Lukas schrieb sein Evangelium nicht nur für Juden (-Christen). Vielleicht richtete er sich in erster Linie an Griechen, auf jeden Fall an eine Leserschaft, die im hellenistischen Kulturkreis lebte. Für viele Religionen innerhalb dieses Kulturkreises markierte der Topos „Jungfrauengeburt" die *göttliche Legitimation eines Königs*. Selbst Augustus reklamiert eine Jungfrauengeburt für sich und legitimiert damit seine göttliche Herkunft.

Lukas nimmt mit diesem Bild für „seinen" König die göttliche Abkunft in Anspruch und überläßt seinen Leserinnen und Lesern, Maria den Göttinnen der heidnischen Umwelt gleichzusetzen, ohne sie selbst zu einer solchen zu erklären. „Jungfräulich" wurden Göttinnen nicht mit biologischer Begründung genannt, sondern dies bezeichnete ihren Status als *autonome* Frauen (nicht die Ehefrauen eines Gottes). Die „Jungfrauengeburt" eines Königs wurde in verschiedenen Versionen vorgestellt:

☐ Eine Priesterin als Stellvertreterin der Göttin gebar den neuen König. Sie vollzog die „Heilige Hochzeit" mit dem amtierenden oder einem neugewählten König. König und Königin konnten gleichzeitig oberste Priesterin und Priester sein (babylonisch, ägyptisch);

☐ Eine Königin empfing und gebar den neuen König. Realer Partner war ihr Ehemann, der amtierende König. Durch ihn wirkte der oberste Gott des Landes (ägyptisch, griechische Mythen).[16]

Wie wir gesehen haben, wird auch Maria die Geburt eines „Königs" verheißen. Zur Zeit des Lukas hatte der Kult der ägyptischen Isis synkretistisch andere Muttergöttinnenkulte in sich aufgenommen und war im Mittelmeerraum weit verbreitet. Meist wird im Zusammenhang des Neuen Testaments mehr auf den Kaiserkult Wert gelegt, gegen den Juden und Christen sich vor allem wehren mußten; bestenfalls wird noch der Mithras-Kult – der vor allem unter den römischen Soldaten verbreitet war – behandelt. Der Kaiserkult bildete jedoch nur die „Hoftheologie" über anderen lokalen Kulten, die meist auch von den Römern unangetastet gelassen wurden, soweit der Kaiserkult ebenfalls beachtet wurde. Muttergöttinnenkulte spielen in der Literatur zur neutestamentlichen Umwelt kaum eine Rolle, obwohl sie für die verschiedenen Völker außerordentlich wichtig waren.

Schon für Lukas' Leserinnen und Leser konnte Maria heimlich die Stellung einer solchen Göttin einnehmen, ohne daß Lukas selbst sie zu einer solchen erklärt hatte. Daß sie diese Züge in der Folgezeit übernahm, zeigt die Geschichte der Mariologie, in der von Theologen immer wieder der Versuch gemacht wurde, zwar den Volksglauben aufzunehmen, ihn aber so zu kanalisieren, daß die heimliche Göttin nicht zur wirklichen werden konnte.

Ein Beispiel für die Übernahme aus Muttergöttinnenkulten ist das Bild der stillenden Maria, das die entsprechenden Isis-Statuen ablöst. Oft ist nur für Fachleute erkennbar, ob es sich um Isis oder um Maria handelt.

Mich faszinierte dabei weniger die „heimliche Göttin" als die kunstvolle – um nicht zu sagen raffinierte – Art, in der Lukas die Strömungen und Glaubensinhalte seiner Zeit aufnahm, Bilder benutzte, sie aber in der Schwebe hielt, um sowohl jüdischen wie hellenistischen Vorstellungen zu genügen und den Glaubenden Identifikationsmöglichkeiten anzubieten.

Abb. 4:
Nichts lenkt hier
von der zentralen
Aussage des Textes
ab: Begegnung
und Dialog der
beiden Frauen
Elisabeth und
Maria.

24

Im Zusammenhang der Verkündigung an Maria war ihr gesagt worden, ihre Kusine sei schwanger. Und „Maria stand in diesen Tagen auf und wanderte eilends nach dem Bergland" (Lk 1,39). Eine Frau geht allein über Land. Vielleicht will sie Gewißheit haben. Und die bekommt sie: Elisabeth ist schwanger und spricht Maria als die „Mutter meines Herrn" an. Maria antwortet mit einem Lied, mit dem (nach seinem lateinischen Anfang sogenannten) *Magnifikat:* „Meine Seele erhebt den Herrn . . . !" Mit diesem Lied stellt Lukas Maria wieder in die jüdische Tradition, und zwar in die Tradition der *Prophetin.*[17] Es ist dem Lobgesang der Hanna nachgebildet – und Hanna ist nach jüdischem Verständnis eine Prophetin. Wie Hannas Lied ist das Magnifikat stark politisch bestimmt (auch wenn dies von Neutestamentlern wie z. B. Schmithals in seinem Lukaskommentar bestritten wird.[18]

Die „Niedrigkeit der Magd" ist in einem sozialen und politischen Kontext zu verstehen[19] und nicht im individuell-persönlichen Sinn der demütigen und einfachen kleinen Frau Maria, in den er gern gestellt wurde und wird.[20] Dieser Vers verweist als Zitat auf Psalm 113, in dem der Geringe aufgehoben und neben die Fürsten gesetzt wird – ist also eindeutig politisch gemeint, ganz abgesehen von den weiteren Versen 51–55, die ebenfalls auf alttestamentliche Texte anspielen. Für das Bild der einzelnen, demütigen und gehorsamen Frau mußte die „Niedrigkeit der Magd" in Verbindung mit dem „fiat" (mir geschehe nach deinem Willen, 1,38) herhalten: Maria wird damit im Lauf der Kirchengeschichte zum Vorbild der demütigen, gehorsamen Frau

Ich denke, es ist schon sehr bedeutsam, daß eine Frau dieses Lied singt, daß es ihr, entsprechend der jüdischen Tradition, in den Mund gelegt wird, aber es bezieht sich auf die Frau als Angehörige des einfachen unterdrückten Volkes – Maria dankt nicht für eine lang ersehnte Schwangerschaft, durch die ihre Erniedrigung von ihr genommen wird (wie Sara oder Hanna u. a.), sie hat diese Schwangerschaft ja nicht von sich aus gewünscht. Sie dankt, daß der Erlöser des Volkes kommen wird, daß ihr Kind dieser Erlöser sein wird nach der Verkündigung Gabriels.

Daß dieses politische Lied eingebettet ist in den Dialog der beiden Frauen Elisabeth und Maria, ist uns meist nicht so deutlich gegenwärtig, auch wenn wir es theoretisch wissen. Entweder ist uns die Szene der „Heimsuchung" aus Bildern bekannt, die liebevolle Begrüßung der beiden Frauen – mehr als Genrebild –, oder wir betrachten das Magnifikat als Einzelstück. Daß hier zwei schwangere Frauen über ihre Zukunft und die ihrer Kinder sprechen und daß dieses Gespräch – scheinbar ganz „unweiblich" – politische Inhalte hat, ist schon erstaunlich (s. Abb. 4 u. 5, S. 24 u. 27).

Die eigentliche Geburtsgeschichte aus Lukas 2 stammt vermutlich aus einer anderen Quelle und ist von Lukas mit der Erzählung aus Kap. 1 verbunden worden. Das läßt sich z. B. daran ablesen, daß Maria hier offensichtlich gar nichts von der besonderen Bedeutung ihres Kindes weiß, dies erst von den Hirten hört und deren Worte in ihrem Herzen behält und erwägt (2,19). Die Hirten huldigen dem Kind keineswegs (wie dies Schmithals in seinem Kommentar behauptet, das verwechselt er mit den Magiern aus Mt 2,10)[21], sie gehen und sehen sich dieses ärmliche Kind mit seinen Eltern an – auch sie vergewissern sich, ob die Botschaft vom Kind in der Krippe so stimmt. Das, was über Zukunft und Aufgabe dieses Kindes gesagt wurde, müssen sie glauben.

Maria wundert sich abermals über die Worte Simeons (2,29), als sie nach dem jüdischen Gesetz ihr Reinigungsopfer im Tempel bringt, bzw. als die Eltern Steuer für die Auslösung der Erstgeburt zahlen. Zwei Tauben opfern Maria und Joseph – erneut ein Zeichen ihrer Ärmlichkeit (s. Abb. 6, S. 30).

Übrigens wird im Zusammenhang dieses und des daran anschließenden Textes unbefangen von seinem Vater und seiner Mutter bzw. seinen Eltern gesprochen (2,22.41.43.48). Maria ist aber bei Lukas immer stärker akzentuiert und aktiver als Joseph: Sie spricht mit ihrem Sohn und macht ihm Vorwürfe. Dies paßt ins Konzept des „frauenfreundlichen" Lukas. Ob er aber Maria lediglich als das Vorbild der glaubenden Frau verstanden wissen wollte, scheint mir doch etwas zu eng-protestantisch gedacht.[22]

*Abb. 5: Maria kommt in Begleitung anderer Frauen zu Elisabeth **und** Zacharias; Begrüßung und Dialog sind überdeckt von der Umgebung.*

Zusammenfassung

☐ Maria ist die „Verlobte" Josephs.

☐ Eine biologische „jungfräuliche" Schwangerschaft behauptet nur Matthäus, der aber seinerseits den Stammbaum Jesu ebenfalls über Joseph führt. Lukas läßt die Frage der Jungfräulichkeit offen (du *wirst* schwanger *werden*); mit diesem Bild von der jungfräulichen Geburt kann eine heidnische Umwelt von der Legitimität des „Königs" Jesus überzeugt werden.

☐ Maria ist – nach Lukas – eine aktive Frau: Sie *redet* mit dem Engel, mit Elisabeth und mit Jesus. Sie *„steht auf"* und *„geht eilends"* und offensichtlich allein über Land. Im Gegensatz dazu stellt Matthäus sie passiv dar: Joseph ist der Handelnde, der sie nicht verstößt, zu sich nimmt, sie nach Ägypten und wieder zurückführt.

☐ Maria bezeichnet sich als „erniedrigte Magd" (Lk 1,48) nicht im Sinne persönlicher Demut, sondern als Angehörige der unterdrückten Schichten eines im ganzen zusätzlich von Fremden unterdrückten Volkes.

☐ Maria hat den Aktivitäten ihres erwachsenen Sohnes nach Meinung der Synoptiker zunächst verständnislos gegenübergestanden; nach Johannes ist sie schon früh von seiner Mission überzeugt („Hochzeit von Kana", Joh. 2,1ff.). Ebenfalls nach Johannes (19,25, die Mutter Jesu unter dem Kreuz) und nach Lukas (Apg 1,14) gehört Maria zu den Jüngerinnen und Jüngern Jesu.

☐ Eine herausragende Rolle gesteht ihr unter den Evangelisten bestenfalls Lukas im Zusammenhang mit ihrer Schwangerschaft zu.

Maria im Neuen Testament

(Gal	4,4	ohne Namensnennung „geboren von einer Frau" – früheste Erwähnung der Mutter Jesu)
Mt	1,16;18–25	Eine Jungfrau wird schwanger; Joseph ist handelnde Person, Maria passiv; Hinweis auf Jes 7
	2,11.13.19.21	Flucht nach Ägypten und Heimkehr
	12,46–50	Mutter und Brüder suchen den erwachsenen Jesus – er lehnt sie ab
Mk	3,31–35	Mutter und Brüder suchen ihn, er lehnt es ab („Wer ist meine Mutter . . .?"); schroffste Form der Synoptiker
	6,3	„Ist er nicht der Zimmermann, Marias Sohn, und der Bruder des . . .?"
Lk	1–2	Verkündigung; Besuch bei Elisabeth; Geburt Jesu; Reinigung (Darstellung im Tempel); Dialog mit dem 12jährigen Jesus: Maria ist aktiv: sie spricht insgesamt viermal (bei Mt schweigt sie grundsätzlich) ausführlichste Beschäftigung mit Maria, Grundtexte für Marienverehrung (vielleicht von einer Frau mündlich überliefert und von Lukas übernommen?)
	8,19	Mutter und Brüder suchen Jesus – schwächste Form der Abwehr („Sie konnten nicht zu ihm gelangen")
Joh	2,3–5	Hochzeit von Kana (auch hier spricht Maria) / (Grundsatztext für die Idee von der „Fürsprecherin")
	2,12	Maria zieht mit ihm und den Jüngern nach Kapernaum
	19,26–30	Maria unter dem Kreuz mit Johannes – Im Johannesevangelium werden ausschließlich andere Ereignisse berichtet als bei den Synoptikern, Maria wird niemals mit Namen genannt
Apg	1,14	Maria ist mit den Aposteln zusammen nach der Himmelfahrt im „Obergemach"; Grundlage für die Vorstellung, sie sei bei Himmelfahrt und/oder Pfingsten anwesend gewesen
(Offb	12	Das Weib in Wehen mit Sonne, Mond und Sternen; spätere Deutung auf Maria „Ein Weib mit der Sonne bekleidet und der Mond unter ihren Füßen und auf ihrem Haupt eine Krone mit 12 Sternen")

29

Abb. 6: Das Reinigungsopfer einer armen Frau sind zwei Tauben. Maria vermittelt hier eher eine bedeutende Persönlichkeit, die vom Hohenpriester erwartet wird.

B Eva und Maria in der kirchengeschichtlichen Tradition

Im Verlauf der Kirchen- und Dogmengeschichte werden bestimmte Züge der beiden Frauengestalten schärfer akzentuiert und andere (apokryph gebliebene) Texte miteinbezogen. Es entsteht ein „Bild" von Eva und Maria, das den biblischen Traditionen immer weniger entspricht. Dieses Bild zeigt das Interesse männlicher Theologen, dualistisches Denken auch auf (lebendige) Frauen zu übertragen: am einen Ende die „böse", am anderen die „gute" Frau.

Eva verkörpert zunehmend die „böse" und gleichzeitig die Realität aller Frauen. Mit ihr können die Ansprüche realer Frauen auf Teilhabe oder Gleichberechtigung abgewiesen werden. Zentraler Begriff dafür wird später das Dogma von der „Erbsünde", die durch Eva in die Welt kam und über Zeugung und Geburt gleichsam wie eine ansteckende Krankheit von Generation zu Generation weitergegeben wird. Zunächst bringt ihre Sünde den *Tod*.

Maria dagegen bringt das Leben. Durch sie wird die Macht des Todes gebrochen. Von der „Erbsünde" ist sie nach der Lehre der katholischen Kirche schon mit ihrer Empfängnis/Geburt befreit.

Beide Frauen werden zunehmend instrumentalisiert im Interesse einer männlichen Kirchenhierarchie und dazu benutzt, machtpolitische Positionen vor allem der westlichen Kirche zu befestigen und zu erhalten. Dieser Machtkampf richtet sich einmal grundsätzlich gegen Frauen und ihre Ansprüche, zum andern wird damit der Machtanspruch der katholischen Kirche untermauert (vorzugsweise mittels der Mariologie).

An Zitaten aus theologischen Schriften, Liturgien und Bildern möchte ich diesen Prozeß aufzeigen. Dabei soll in einem ersten Schritt das Bild der Eva und seine Veränderung aufgezeigt werden, im zweiten das der Maria und in einem dritten die Gegenüberstellung beider als Antithese.

I   Eva – Rezeption in der Kirchengeschichte
ausgewählte Beispiele

In der Auslegung der Kirchenväter wird Eva schon frühzeitig zu Maria in Beziehung gesetzt, meist in eine gegensätzliche. Auf diese Texte möchte ich im entsprechenden Kapitel „Die Antithese Eva – Maria" näher eingehen und mich hier auf direkte Interpretationen von Genesis 2 und 3 beschränken, soweit sich beides voneinander trennen läßt.

Durchgehende Motive in der Auslegung sind bis heute dabei:
☐ Die Frau ist minderwertig oder zweitrangig, weil sie als Zweite geschaffen wurde.
☐ Sie ist leichter zu verführen, also weniger gläubig als der Mann.
☐ Durch ihre Sünde ist der Tod in die Welt gekommen.
☐ Sie ist selbst daran schuld, daß sie dem Mann untertan ist; vor dem Sündenfall durfte sie ebenfalls herrschen.

Dazu kommt in unterschiedlichen Ausprägungen, vor allem in der Westkirche:

☐ Sie ist stärker von ihrer Sexualität bestimmt und verführt den Mann eben dadurch zur Sünde.

Die erstgenannten Motive finden sich auch weitgehend in der jüdischen Auslegung von Genesis 2 und 3 wieder, aus der im folgenden Exkurs einiges exemplarisch dargestellt werden soll.

Exkurs: Aus der jüdischen Tradition zu Genesis 2 und 3

Die Hebräische Bibel – das Alte Testament – bezieht sich merkwürdigerweise nicht wieder auf Schöpfungsgeschichte und „Sündenfall" aus Genesis 2 und 3. Dagegen tauchen in apokryphen Texten und im Talmud Eva und Adam wieder auf, und hier erhält Eva häufig einen eher negativen Akzent, den der eigentliche Bibeltext nicht hat. Positiv finden wir in der jüdischen Tradition:

☐ Die Hochzeit wird als ein jubelndes Fest dargestellt; Eva war geschmückt wie eine Braut. Gott selbst hat ihr das Brautgemach bereitet und ihre Ehe gesegnet, die Engel tanzten und sangen zur Hochzeit.[23]

☐ Es gibt keine Alleinschuld Evas wie in der späteren christlichen Tradition; Adam bleibt immer verantwortlich.

Negativ werden vor allem die Erschaffung aus der Rippe interpretiert und der Sündenfall, insofern als Eva anfälliger für Überredung und „geschwätzig" ist.
Eine eigene Schrift hat den Titel: „Leben Adams und Evas".[24]
Die Forschung ist sich noch nicht einig, wieweit dieser apokryphe Text schon christliche Elemente enthält und aus welcher Zeit genau er stammt. Allgemein wird er für ca. 200 n. Chr. angesetzt. Er liegt in mehreren Fassungen, griechisch, lateinisch und slawisch vor (nicht hebräisch). Die älteste Handschrift stammt von 730 n. Chr. Ob es eine hebräische Fassung gegeben hat und von wann diese stammen könnte, ist umstritten.[25] Vieles spricht aber dafür, auch wenn es vermutlich christliche Überarbeitungen in ihr gibt. Bezogen auf das Verhältnis von Eva und Adam läßt sich als Grundtendenz sagen: Adam ist im irdischen Leben der Handelnde und Wissende, Eva hört zu, weint, jammert und klagt sich an, gehorcht ihrem Mann nicht und kann ihm auch nicht helfen, als er im Sterben liegt. Eine sexuelle Komponente bezüglich der Verführung gibt es nicht – interessanterweise bewohnen beide im Paradies verschiedene Regionen und bewachen jeweils die männlichen bzw. weiblichen

Tiere. Ich gebe im folgenden den Text kurz wieder, zugespitzt auf das Verhältnis Adams zu Eva.

Er setzt ein mit der Vertreibung aus dem Paradies. Als beide Menschen nach 7 Tagen noch nichts Eßbares gefunden haben, appelliert eine passive Eva an die Rolle Adams als Ernährer:

Mein Herr, mich hungert. Geh, suche uns etwas zu essen! Vielleicht sieht Gott der Herr [uns gnädig] an, erbarmt sich unser und beruft uns wieder an den Ort, wo wir früher waren. Und Adam machte sich auf und ging in 7 Tagen durch jenes ganze Land, fand aber keine Speise, wie sie deren im Paradiese hatten. Und Eva sprach zu Adam: Mein Herr, willst du, so töte mich! Vielleicht führt dich dann Gott der Herr ins Paradies zurück; ist doch Gott der Herr [nur] meinetwegen über dich in Zorn geraten. Willst du mich nicht umbringen, daß ich sterbe? Vielleicht führt dich dann Gott der Herr ins Paradies; wurdest du doch von dort [nur] meinetwegen vertrieben! Adam antwortete: Eva, rede nicht so, daß nicht etwa Gott der Herr abermals einen Fluch über uns verhängt! Wie könnte ich meine Hand gegen mein eigenes Fleisch erheben? Wir wollen vielmehr uns aufmachen und uns etwas suchen, davon wir leben können, damit wir nicht hinschwinden.[26]

Nachdem sie dennoch nichts Eßbares finden, schlägt Adam eine „große Buße" vor. Eva muß sich erst erklären lassen, was das denn sei, befürchtet auch gleich, nicht dazu fähig zu sein. Auch Adam ist der Meinung, daß er mehr durchstehen könne als sie: Er wird 40 Tage lang bis zum Hals im Wasser des Jordan stehen, sie 37 Tage im Tigris. Und kein Wort soll sie reden.

Und Eva sprach zu Adam: Mein Herr, sage mir: was ist Buße, und wie soll ich Buße thun? Daß wir uns nicht etwa eine Anstrengung auferlegen, die wir nicht aushalten können, und dann der Herr unsere Bitten nicht erhört und sein Antlitz von uns wendet, weil wir unser Versprechen nicht erfüllt haben! Mein Herr, wieviel Buße gedenkst du zu thun? Habe ich dir doch Mühe und Drangsal bereitet! Und Adam sprach zu Eva: Du kannst nicht so viel thun wie ich; aber thue so viel, als sich mit deiner Gesundheit verträgt. Ich will 40 Tage fastend verbringen. Du aber mache dich auf und geh zum Tigris, nimm einen Stein und stelle dich darauf ins Wasser bis an den Hals, da, wo der Fluß am tiefsten ist. Und keine Rede gehe aus deinem Mund hervor; denn wir sind unwürdig, den Herrn zu bitten; denn unsere Lippen sind unrein vom unerlaubten und . . . Baum. Und du bleibe im Wasser des Flusses 37 Tage lang stehen. Ich aber will im Wasser des Jordan 40 Tage verbringen. Vielleicht erbarmt sich dann Gott der Herr unser.[27]

Nach 18 Tagen erscheint ihr der Satan und verführt sie erneut zur Sünde: zum Sprechen und zum Abbrechen der Buße. Leichtgläubig nimmt sie Satan ab, daß Gott ihnen vergeben habe. Nach Klagen und Vorwürfen Adams, die sie mit Weinen beantwortet – eigentlich weint und klagt sie fortwährend –, beendet Adam selbstverständlich seine 40 Tage im Jordanwasser. Die schwangere Eva verläßt Adam und zieht sich in eine ferne Gegend zurück. Zur Zeit der Geburt erleidet sie unerträgliche Schmerzen, die auch durch ihre Gebete nicht gemildert werden. Allein die Gebete Adams können helfen:

Und als die Zeit nahte, da sie gebären sollte, ward sie von Schmerzen befallen. Und sie rief zum Herrn also: Erbarme dich meiner, Herr, und hilf mir! Aber sie ward nicht erhört, und Gottes Barmherzigkeit war nicht um sie. Und sie sprach bei sich: Wer wird es meinem Herrn Adam verkünden? Euch, Himmelsleuchten, bitte ich: Wenn ihr zum Osten zurückkehrt, verkündet es meinem Herrn Adam! In jener Stunde aber sprach Adam: Evas Klage ist zu mir gedrungen; vielleicht hat die Schlange abermals wider sie gekämpft. Und da er hinging, fand er sie in tiefer Traurigkeit. Und Eva sprach: Als ich dich sah, ward meine schmerzbewegte Seele erquickt. Und jetzt bitte Gott den Herrn für mich, daß er dich erhöre und mich [gnädig] ansehe und von meinen argen Schmerzen befreie. Und Adam bat den Herrn für Eva. Und siehe, 12 Engel und 2 Kräfte stellten sich Eva zur Rechten und zur Linken. Und Michael, der sich zur Rechten gestellt, berührte sie vom Antlitz bis zur Brust und sprach zu Eva: Gesegnet seist du, Eva, um Adams willen. Weil seine Bitten und Gebete groß sind, ward ich zu dir gesandt, daß du unsere Hilfe erfahrest. Auf jetzt, mache dich bereit zum Gebären! Und sie gebar einen Sohn . . .[28]

Nach dem Brudermord Kains an Abel zeugt Adam seinen dritten Sohn Seth (und danach noch 30 Söhne und Töchter). Ihm erzählt er später von Sündenfall und Vertreibung:

Da sprach Adam zu ihm: Als Gott uns schuf, mich und eure Mutter, wegen der ich sterben muß, gab er uns alle Bäume im Paradies; von Einem aber verbot er uns zu essen, denn seinetwegen würden wir sterben. Als nun die Stunde nahte, da die Engel, die eure Mutter zu bewachen hatten, hinaufgingen und den Herrn anbeteten, da fand sie der Feind allein und gab ihr vom Baume zu essen, da er wußte, daß weder ich noch die heiligen Engel in ihrer Nähe waren. Hierauf gab sie auch mir zu essen.[29]

Als Adam im Sterben liegt, schickt er Eva und Seth zum Paradies, von dort ein Heilöl zu holen. Unterwegs wird Seth von einer Schlange angefallen, Eva bricht in Weinen aus, beschuldigt
die Schlange, die sie ihrerseits an ihre Sünde erinnert. Seth richtet eine kurze und markige Ansprache an die Schlange – diese
läßt alsbald von ihm ab.

Seth aber und Eva gingen in die Gegend des Paradieses. Auf dem Wege
dahin sah Eva, wie ihren Sohn ein Tier bekämpfte. Da weinte Eva und
sprach: Wehe mir, wehe mir! Wenn ich zum Tage der Auferstehung
komme, werden alle Sünder mich verfluchen und sagen: Eva hat Gottes
Gebot nicht gehalten! Und zum Tiere gewendet, rief Eva also: Du böses
Tier, fürchtest du dich nicht, Gottes Ebenbild zu bekämpfen? Warum
öffnete sich dein Mund? Warum erstarkten deine Zähne? Warum ge-
dachtest du nicht deiner Unterwerfung, da du doch einst Gottes Ebenbild unterworfen worden bist? Darauf rief das Tier also: Eva, nicht gegen uns [richte sich] deine Anmaßung und dein Weinen, sondern gegen
dich [selbst]; ist doch die Herrschaft der Tiere [erst] durch dich entstanden. Warum öffnete sich dein Mund, von dem Baume zu essen, von dem
zu essen dir Gott verbot? Dadurch haben sich auch unsere Naturen ver-
wandelt. Wenn ich also jetzt anhebe, dich dessen zu beschuldigen,
kannst du nicht standhalten. Spricht Seth zum Tiere: Halte deinen
Mund und schweige; steh' ab von Gottes Ebenbild bis zum Tage des Ge-
richts! Darauf sagt das Tier zu Seth: Siehe, ich stehe ab von Gottes
Ebenbild. Und es ging in seine Hütte.[30]

Im Paradies bekommen beide nur Wohlgerüche und die Nach-
richt, daß Adam bald sterben wird. Wieder bei ihm, fordert
Adam Eva auf zu berichten, was sie getan hat. Das tut sie in einer langen Rede, in der die Verführungsszene breit ausgemalt
wird (allerdings nicht sexuell getönt!). Adam stirbt und wird
von Michael in den „3. Himmel" gebracht. Die sechs Tage nach
ihm sterbende Eva bittet darum, wieder mit ihm vereint sein zu
dürfen. Es wird aber nur noch berichtet, daß Seth sie in Adams
Grab begräbt.

Der Talmud zählt zum Sündenfall zehn Verfluchungen Evas
auf; in dem diesem Text vorangehenden wird diskutiert, ob eine
Frau ihren Mann zum Beischlaf auffordern darf:

Aber ist es denn so (daß die Aufforderung seitens der Frau etwas Lobenswertes ist)? Es hat doch Rab Jizchaq b. Abdemi (gegen 300) gesagt: Mit 10 Flüchen ist Eva verflucht worden; denn es steht geschrieben Gn 3, 16: Zum Weibe sprach er: „Gar viel will ich machen", das geht auf die zweierlei Blutstropfen, einmal auf das Blut der Menstruation u. sodann auf das Blut der Jungfrauschaft; „deine Schmerzen", damit ist das Aufziehen der Kinder gemeint; „u. deine Schwangerschaft", das ist der Schmerz (die Beschwerden) der Schwangerschaft; „mit Schmerzen sollst du Kinder gebären", das ist nach dem Wortlaut zu verstehen; „u. nach deinem Manne wirst du Verlangen tragen", das lehrt, daß das Weib nach ihrem Manne Verlangen trägt, wann er sich auf eine Reise begibt; „u. er soll über dich Herr sein", das lehrt, daß das Weib in ihrem Herzen (aber nicht ausdrücklich mit Worten) auffordert, der Mann dagegen mit dem Munde auffordert (u. darin offenbart sich sein Herrsein). Das ist eine schöne Tugend an den Frauen, wie wir sagen, daß sie sich entgegenkommend gegen ihn verhält. Das sind aber erst sieben (Flüche). Als Rab Dimi (um 320) kam, sagte er (als die drei weiteren Flüche): Sie ist verhüllt wie ein Trauernder u. verbannt von jedermann u. eingeschlossen im Gefängnis (Raschi: Ganz Herrlichkeit ist die Königstochter drinnen Ps 45, 14). Was heißt: „Verbannt von jedermann"? Wenn man sagen wollte, weil ihr das Alleinsein (mit anderen Männern) verboten ist, so ist ja auch ihm (dem Manne) das Alleinsein (mit anderen Frauen) verboten; vielmehr weil sie zweien zusammen verboten ist (während der Mann viele Frauen zugleich haben darf); „verbannt von jedermann" also = verboten jedem Mann außer ihrem Ehemann. In einer Bar ist (betreffs der drei weiteren Flüche) gelehrt worden: Sie muß das Haar lang wachsen lassen wie (die Dämonin) Lilith, sie sitzt beim Urinieren wie das Vieh, u. sie dient dem Manne als Polster. Aber jenes ist ja ein Lob für sie![31]

Von jüdischen Autoren der Gegenwart will ich drei zum Thema Eva und Adam zitieren. Alle beziehen sich bei ihren Ausführungen auf die jüdische Tradition. Zur Erschaffung Evas aus der Rippe schreibt *Jakob J. Petuchowski* unter Berufung auf den Talmud:

Rabbi Josua aus Sikhnin lehrte im Namen Rabbi Levis:
Als Gott die Eva schuf, dachte Er zuerst darüber nach, aus welchem Körperteil Adams Er sie erschaffen sollte.
So sagte Er: „Ich will sie nicht aus seinem Kopf erschaffen, damit sie nicht leichtsinnig wird. Ich will sie nicht aus seinem Auge erschaffen, damit sie nicht kokettiert. Ich will sie nicht aus seinem Ohr erschaffen, da-

mit sie keine Horcherin wird; und nicht aus seinem Mund, damit sie keine Klatschbase wird. Ich will sie nicht aus seinem Herzen erschaffen, damit sie nicht eifersüchtig wird, auch nicht aus seiner Hand, damit sie nicht diebisch wird, oder aus seinem Fuß, damit sie keine Herumläuferin wird. Sondern Ich werde sie aus einem keuschen Körperteil Adams erschaffen, einem Teil, der, selbst wenn der Mensch nackt dasteht, immer bedeckt ist."

Er wählte daher die Rippe; und bei jedem Glied, das Er erschuf, sprach Er: „Sei ein keusches Weib! Sei ein keusches Weib!"

Und dennoch, wie es in Sprüche Salomos I, 25 heißt: „Ihr aber habt verworfen all Meinen Rat, und habt Meine Zurechtweisung nicht gemocht." Alle Eigenschaften, die Gott vermeiden wollte, weist das Weib trotzdem auf![32]

Pinchas Lapide betont in seinem Buch „War Eva an allem schuld?"[33] ebenfalls unter Berufung auf die rabbinische Tradition:

☐ Eva war die Aktivere – er spricht von ihr als der „ersten Theologin"[34].

☐ Adam aber ist der Hauptschuldige, weil er stärker verantwortlich war und seiner Frau die Übertretung des Gebots – das ja an Adam ergangen war – nicht hätte erlauben dürfen.

Lapide hebt eher die positiven Züge Evas auch bei den Rabbinen hervor und setzt diese in Gegensatz zu den Kirchenvätern – vor allem Augustinus und Thomas von Aquin.

Im Zusammenhang mit der Schöpfung spricht er davon, daß es auch eine Lehrmeinung gibt, nach der „die Schöpfung einen Aufwärtsrhythmus zeigt" und Eva infolgedessen die „Krönung dieser Schöpfung" sei.[35]

Zu ihrer aktiven Rolle bemerkt Lapide:

Die Schlange . . . spürte offensichtlich, daß Eva mehr Phantasie hatte, lebendigere Vorstellungskraft, und daß sie auch tatkräftiger sei in der Durchsetzung ihrer Beschlüsse. Die Kritik meiner Vorväter ist dennoch hart. Sie . . . antworten, daß die Frau intelligenter ist, intuitiver, gesprächslustiger, und, was noch wichtiger ist, neugieriger. Der Adam scheint ziemlich verschlossen gewesen zu sein und . . . nicht besonders intelligent. Daß Eva ihm als „Hilfe" beigesellt wurde, bedeutet ja, daß er von Anfang an hilfsbedürftig war.[36]

Adam ist der träge „Mit-Esser", der „als passiver Mitläufer gar nicht verführt zu werden braucht", denn die Bibel schildert ihn als wortlosen untätigen „Mit-Esser, der seiner Frau fraglos und blindlings folgt".[37]

Ausdrücklich und immer wieder betont Lapide, daß die Rabbinen imGegensatz zu den Kirchenvätern immer die Hauptschuld bei Adam gesehen haben: Er hätte Eva und sich selbst die Übertretung des Gebots Gottes *verbieten* müssen, Eva kann bestenfalls eine „Komplizin" genannt werden[38], es war seine Pflicht, ihr das Essen zu verwehren, und doppelt, nicht selbst zu essen. Zusätzlich besteht seine Schuld in der Verdrängung und der „krampfhaften Suche nach fadenscheinigen Ausreden und Sündenböcken", wodurch er „zweimal ein Feigling und Drückeberger" ist.[39]

Der Friedensnobelpreisträger *Elie Wiesel* erzählt in seinem Buch „Adam oder das Geheimnis des Anfangs. Brüderliche Urgestalten"[40], wie Genesis 2 und 3 im Talmud betrachtet wurde und wie Juden Schöpfung und Sündenfall bis heute interpretieren. Wie schon der Titel von Wiesels Buch sagt, liegt der Hauptakzent auf Adam und dem Verhältnis des Menschen zu Gott. Zwar wird gesehen, daß Adam im Vergleich zu Eva „die Rolle des schwachen passiven Ehemannes" übernimmt[41] (s. u.), aber Eva wird insgesamt negativer geschildert als im biblischen Text selbst. Auch Wiesel erzählt die oben zitierte Erklärung für die Erschaffung Evas aus der Rippe. Außerdem wird insbesondere die Szene mit der Schlange breit ausgefächert berichtet:

Die Initiative ging von der Schlange selbst aus. Sie soll sich in Eva verliebt haben, und ihr Plan war es, Adam zu töten und dann seine Witwe zu heiraten, oder besser noch, Adam durch Gott töten zu lassen, sich Evas und ihres Vermögens zu bemächtigen, Erbschaft und Erbin an sich zu reißen. Die Schlange hatte zu hochfahrende Pläne... Ob zu recht oder zu unrecht, die Schlange hielt die Frau für verletzbarer, leichtgläubiger und gefügiger als den Mann. Sie sagte sich, daß sie den geringsten Widerstand von beiden leisten würde. Und ihr Einfühlungsvermögen gab ihr recht. Unter ihrer Einflüsterung ist Eva bereit, in die verbotene Frucht zu beißen, und bringt es sogar fertig, ihren Mann zu ihrem Komplizen zu machen. (Die Moral von der Geschichte: Jeder kann verführt werden, die Frau durch den Verführer, der Mann durch die Frau).

Es gibt in dieser Episode etwas, was den aufmerksamen Leser stutzig machen könnte. Ist es denkbar, daß Eva bei der Entscheidung zwischen der Stimme des Weltenschöpfers und der Stimme einer Schlange – wenngleich diese in besonderer Mission da war – einen Augenblick zögerte? Bei Adam könnte man es allenfalls begreifen, denn wenn jemand zwischen himmlische Ansprüche und weibliche Versprechungen gestellt ist, kann es passieren, daß er zögert – oder auch nicht. Aber wie konnte Eva, wie konnte sie den Willen des Herrn verleugnen, um sich dem einer Schlange zu unterwerfen?[42]

Adam wird eher weich und sehr menschlich geschildert, Eva aktiv:

Niemand empfing soviele Gaben und Güter, niemand verlor sie auf so brutale Weise und für nichts und wieder nichts. Er wurde gestoßen und wußte sich nicht zu wehren. Er wurde nicht nach seiner Meinung gefragt, sondern gehorchte einem Willen, der nicht der seine war. Er besaß alles, nur keinen eigenen Willen. Er wußte sich nur zu unterwerfen, zuerst Gott und dann seiner Frau. Man stellte ihm Fallen, und er tappte hinein. Ein armer Mensch, wegen nichts bestraft, und nicht einmal Jude! . . .
Adam hatte nun aber Langeweile im Paradies, das vermerken alle Texte. Ihm allein gehörte das Universum, er hatte keine Wünsche, dachte an nichts und niemand. Er ist glücklich, selig und vor seinem Sündenfall völlig uninteressant. Keine Wolke trübt sein Dasein, kein Schatten verfolgt ihn, er ist der Welt und sich selbst gegenüber gleichgültig. Nicht die Spur von einer bösen Ahnung oder Unruhe . . .
Weil jedes Drama mit dem Auftauchen einer weiblichen Person verknüpft ist, rufen Bibel und Talmud Eva herbei und bringen sie eilends auf die Bühne.
Es erübrigt sich darauf hinzuweisen, daß Eva schon bei ihrem ersten Auftritt alles tun wird, um von der auf ihren Partner konzentrierten Aufmerksamkeit abzulenken, und daß ihr das gelingen wird.[43]

Zunächst wird tadelnd vermerkt: Sie redete zuviel und übertrieb dabei noch, daß schon das Berühren der Frucht tödlich sei.

Aber in ihrem Gespräch mit der Schlange fügte Eva noch etwas Überflüssiges hinzu, daß das Verdikt gleichfalls für das Berühren mit dem Munde gültig sei. Die Frucht berühren, sagte sie, würde die Todesstrafe nach sich ziehen.

Die erste Lehre, die aus dieser Episode zu ziehen ist, lautet, es ist gefährlich, Geschichten zu erfinden. Die zweite lautet, man muß seine Gesprächspartner mit Bedacht auswählen und läßt sich nicht mit dem ersten besten in eine Diskussion ein, vor allem nicht auf dem Gebiet der Theologie. Evas Fehler war, das Gespräch mit der Schlange zu akzeptieren. Die dritte Lehre lautet, sie hatte kein Recht, sich darauf einzulassen, noch dazu in Abwesenheit ihres Mannes. Die vierte Lehre schließlich: Adam hätte nicht von zu Hause weggehen dürfen. Wenn er daheim an der Seite seiner Gattin geblieben wäre, hätte die Schlange nicht die geringste Erfolgschance gehabt.

Da Eva allein zu Hause war, stellte sie eine leichte Beute dar. Umsomehr, als die Schlange offensichtlich genau wußte, wie ihr beizukommen war. Sie wußte, womit sie Evas Interesse wecken konnte, mit der Sünde. Darüber sprechen die Frauen doch nur zu gerne.[44]

Die Schlange berührt den Baum, stößt Eva ebenfalls dagegen, und sie stirbt keineswegs, bekommt aber eine Ahnung vom Tod. Nach Wiesel stellt der Midrasch die Hypothese auf, daß Eva durch Macht versucht wurde: Sie wollte wie Gott sein. Als sie nun aber den nächsten Schritt tun und die Frucht kosten möchte, hält die Schlange sie hin, aber:

Sie muß diese Frucht um jeden Preis essen, nichts anderes zählt mehr, weder weibliche Eitelkeit noch Furcht, weder die eigene Sicherheit noch die Treue ihrem abwesenden Mann oder ihrem anwesenden Gott gegenüber. Sie schwankt hin und her und wird von einer außer Kontrolle geratenen Leidenschaft ins Verderben getrieben. Sie ahnt es, aber ihre Neugierde, ihre Gelüste sind stärker, und schließlich ist die Schlange einverstanden, aber nur unter der Bedigung, daß sie die Frucht mit ihrem Mann teilt. Eva, ganz Frau, verspricht auch das.[45]

Sie hält die Frucht in der Hand, bewundert sie, kostet nur vorsichtig davon, aber sie

spürte auf der Stelle die Wirkung. Sie wußte plötzlich, daß sie sterblich war, daß ein direkter und unausweichlicher Zusammenhang zwischen ihr und dem Tod bestand. Das Spiel war zu Ende. Gott würde Wort halten und zuschlagen. Sie wußte es.

Doch anstatt aufzuhören und Reue zu empfinden, übernahm sie jetzt selbst die Strategie der Schlange, um mit List und Tücke ihren Mann in die gleiche tödliche Falle zu locken. Sie wußte bereits, was es bedeutete, Gott den Gehorsam zu verweigern, und wollte trotzdem ihren Mann auf die gleiche Bahn bringen. Sie hatte den Fehler begangen, und jetzt sollte Adam das gleiche tun. Wenn sie schon zahlen mußte, dann Adam ebenfalls. Der Midrasch betont das in aller Deutlichkeit. Eva benimmt sich wie eine eifersüchtige Frau, und der Gedanke, ihr Mann würde sie überleben und vielleicht eine andere heiraten, erschien ihr unerträglich. Wenn sie schon sterben mußte, dann würde sie alles tun, um diesen Weg nicht allein gehen zu müssen...

Adam war jedenfalls nicht dabei, als Eva ihren Auftritt mit der Schlange hatte. Vielleicht pflegte er auch einfach fortzugehen, wenn ihm das Geschwätz seiner Frau auf die Nerven ging. Er mußte wohl Sehnsucht nach etwas Frieden und Ruhe haben.[46]

Talmudische Auslegung schmückt negative Züge im Bild der Frau (Eva) aus – entsprechend der zunehmend frauenfeindlich getönten Grundhaltung der hellenistischen Umwelt.

Ich möchte aber noch einmal festhalten. Nach jüdischer Vorstellung

☐ ist die Schuld des Mannes zwar geringer als die der Frau, aber die Verantwortung wird bei ihm gesehen – er hätte es ihr nicht erlauben dürfen!

☐ Im „Leben Adams und Evas" betont Eva stark die eigene Schuld;

☐ Die „Verführung" hat keinen sexuellen Charakter, ausdrücklich wird davon gesprochen, daß es eine Verführung zur Macht war.

1. Eva in den Apokryphen

Während das Alte Testament Eva und Adam merkwürdigerweise nicht mehr erwähnt – indirekte Hinweise sind nur in Ps 8,
5–9 (bezogen auf Gen 1) und Ez 28, 1–1 zu finden –, wird in der
apokryphen Literatur eher und unterschiedlich auf die Frage
des Sündenfalls eingegangen. Davon soll später die Rede sein.
Paulus und der Schreiber des Timotheusbriefs beziehen sich
hingegen ausdrücklich auf Genesis 2 und 3 und benutzen diesen
Text, um die Zweitrangigkeit der Frau und ihre größere bis aus-
schließliche Schuld festzuschreiben.

Christus wird von Paulus als der zweite Adam bezeichnet – dies
ist der Keim für die spätere Parallelisierung der Frauengestalten: Maria ist die zweite Eva. Zentraler Begriff für Paulus ist die
Sünde und der darauf folgende Tod des ersten Adam, der durch
die Erlösung durch Christus, den neuen Adam, aufgehoben
wird (Röm 5, 12–21; 1 Kor 15, 21f. 45–49). Die Frau ist ihm untertan (Eph 5, 23–32; Kol 1, 15; 3, 10). Der Schreiber des Timotheusbriefs besteht sogar darauf, daß Eva alleinschuldig ist.
1 Tim 2, 13–15 heißt es:

Und Adam ward nicht verführt, das Weib aber ward verführt und ist der
Übertretung verfallen. Sie wird aber selig werden dadurch, daß sie Kinder zur Welt bringt . . .

Nur durch Kindergebären kann die Frau selig werden.

Zu dieser Zeit ist „man" interessiert an der christlichen Familie,
weniger am asketischen Ideal eines Paulus ca. 100 Jahre früher.
In der Briefliteratur wird insgesamt die Herrschaft des Mannes
über die Frau festgeschrieben – der Text aus Genesis wird also
legitimatorisch benutzt, und nicht nur ätiologisch, möglicherweise gegen die Realität von Frauen in der spätantiken Gesellschaft.[47]

Einen weiteren Schritt können wir bei Tertullian (ca. 200) beobachten, wenn er in einem Traktat über die weibliche Putzsucht
Eva mit Kleidung und Schmuck in Verbindung bringt, zur Ver-

lockung des Mannes (und eigener Ablenkung von wichtigeren Dingen, wie S. Heine zu Recht bemerkt[48]).

Die frühen Texte sind allerdings noch nicht frauen- und sexual-feindlich in dem Sinne, daß sie Verführung zur Sünde nach Genesis 3 gleichsetzen mit sexueller Verführung und diese *der* Frau anlasten.

Dem Genesis-Text entsprechend wird über die Frau festge-stellt:

☐ zweitrangig (Erschaffung *nach* dem Mann);
☐ zuerst verführt und durch ihre Sünde den Tod gebracht;
☐ dem Mann untertan.

Paulus konnte – oder mußte? – noch mit gleichrangigen Frauen in den ersten Gemeinden rechnen und ihre Begabungen aner-kennen, wenngleich eher ungern. Und das bedeutete auch ein Anerkennen, sogar eine Bevorzugung asketischen Lebens. Die nächste Generation, z. B. die des Schreibers der Pastoralbriefe, hatte ein Interesse daran, Frauen über Kinder ans Haus zu bin-den unter den Hinweis auf Genesis; damit handelte es sich nicht mehr um eine soziale und möglicherweise veränderbare Funk-tion, sondern um eine unhinterfragbare göttliche Ordnung.[49]

Vor allem in gnostischen Systemen wurden Positionen ausge-baut, die *dualistisch* waren: Geist, Seele, Verstand gehörten auf die positive Seite, Fleischlichkeit und Sexualität auf die nega-tive, die den Frauen vorrangig zugeschrieben wurde. Dennoch können wir feststellen, daß sich in gnostischen Texten frauen-freundliche Tendenzen erkennen lassen. In der Regel waren die Frauen in gnostischen Gruppierungen auch den Männern gleichrangig – es wird im Ton der Entrüstung vermerkt, daß sie sogar Bischöfe werden und das Abendmahl austeilen durften.

Der Preis war allerdings der Verzicht auf die Sexualität. Frauen konnten werden „wie Männer", wenn sie auf „weibliches Tun", Sexualität und Kindergebären, verzichteten und asketisch leb-ten.

Simon Petrus sagte ihnen: „Maria soll aus unserer Mitte fortgehen, denn die Frauen sind nicht würdig des Lebens." Jesus sagte: „Siehe, ich werde sie anziehen, um aus ihr einen Mann zu machen, damit sie wird, sie auch, ein lebender Geist *(pneuma),* ähnlich euch Männern. Denn jede Frau, wenn sie sich männlich macht, wird in das Himmelreich eintreten."[50]

Auch der Hinweis im Philipper-Evangelium, wonach Maria Magdalena als die „Paargenossin" Jesu bezeichnet wird, die er „oft auf den Mund küßte", kann nach dem asketischen Grundverständnis gnostischer Gruppierungen keineswegs erotisch verstanden werden.[51]

In einigen Texten wird ausdrücklich gesagt, daß Frauen werden müssen wie ein Mann, und selbst Maria Magdalena wird von Jesus zu einem Mann gemacht werden.[52]

Im Apokryphon Johannis finden wir eine gnostische negative Umformung von Genesis 2 und 3:

Der Schöpfer der Welt, Jaldaboth (= Jahwe), ist ein mißratener Sohn der Sophia. Er erschafft den ersten Menschen Adam, dem Sophia „Geist" einbläst. Um diesen Geist aus Adam herausziehen zu können, wird Eva geschaffen. Die Schlange zeigt beiden die „Zeugung aus Begierde, die schmutzig ist".[53]

In den „Thomas-Akten" wird berichtet, daß der Apostel Thomas auf einer Missionsreise ein jungverheiratetes Brautpaar zur „geistlichen" Ehe bekehrte:

Als sie alle hinausgegangen und die Türen abgeschlossen waren, hob der Bräutigam den Vorhang des Brautgemachs hoch, um die Braut sich zuzuführen. Und er sah den Herrn Jesus: er hatte das Aussehen des Judas Thomas, des Apostels, der kurz vorher sie noch gesegnet hatte... Und es setzte sich der Herr auf das Bett, hieß aber sie auf den Sesseln Platz nehmen und begann zu ihnen zu sprechen:
„Erinnert euch, meine Kinder, an das, was mein Bruder euch (bereits) gesagt hat und wem er euch anbefohlen hat, und erkennt (vor allem) dies, daß ihr (nur), wenn ihr von dieser schmutzigen (ehelichen) Gemeinschaft euch trennt, heilige Tempel werdet, rein, frei von Heimsuchungen und Schmerzen, offenen sowohl wie versteckten, und euch keine Sorgen aufbürden werdet um Leben und Kinder, deren Ende doch das Verderben ist. Wenn ihr euch dagegen viele Kinder anschafft, dann werdet ihr ihretwegen zu Räubern und Habgierigen, werdet Waisen schinden und an Witwen euch bereichern und zieht euch mit solchem Tun und Treiben ganz schlimme Strafen zu. Denn die meisten Kinder mißraten, weil sie von Dämonen belästigt werden, die einen of-

fen, andere insgeheim. Denn entweder werden sie mondsüchtig oder halb ausgezehrt oder verkrüppelt oder taub oder stumm oder gelähmt oder blöde. Selbst wenn sie aber auch gesund sind, dann wird es mit ihnen wieder in anderer Weise mißglücken, indem sie nichtsnutzige und abscheuliche Streiche machen. Denn entweder werden sie bei Ehebruch ertappt oder bei Mord oder bei Diebstahl oder bei Unzucht, und durch dies alles werdet ihr nur Kummer haben. Wenn ihr aber folgsam seid und eure Seelen rein bewahrt für Gott, dann werdet ihr (indem ihr andere bekehrt) lebendige (geistliche) Kinder erhalten, die solche Schäden nicht berühren, und ihr werdet ohne Sorgen sein, indem ihr ein von Mühe freies Leben ohne Kummer und Sorge verbringt in der Erwartung, (einst) jene unvergängliche und wahre Hochzeit in Empfang zu nehmen, und bei ihr werdet ihr als Brautführer mit eintreten dürfen in jenes Brautgemach, das angefüllt ist mit Unsterblichkeit und Licht."

Als die jungen Leute das aber hörten, glaubten sie dem Herrn und lieferten sich ihm aus und enthielten sich der schmutzigen Begierde, und in dieser Verfassung brachten sie die Nacht an jenem Ort zu. Der Herr aber ging von ihnen fort, nachdem er ihnen noch gesagt hatte: „Die Gnade des Herrn wird mit euch sein![54]

Gnostische Gruppierungen werden schon frühzeitig bekämpft, u. a. auch wegen ihrer Sexualfeindlichkeit oder genauer: wegen ihrer Ablehnung der Fortpflanzung. Für die frühen christlichen Gemeinden waren Familien in ihren Häusern die soziale Basis – schon aus diesem Grunde legt der Schreiber des Timotheusbriefs Wert auf die Feststellung, daß die Frau selig werde durch Kindergebären.

Sehr viel später finden wir noch einmal ein ähnliches Muster: Die „Sekte" der Katharer verweigert ebenfalls Zeugung und Geburt, damit diese Welt in ihrer Bosheit sich nicht ständig erneuert. Und auch sie werden dieser Haltung wegen als Ketzer verfolgt – in merkwürdigem Gegensatz dazu, daß Jungfräulichkeit für die Verfolger höchstes Ideal war.

Dieses Ideal der Keuschheit wird aufgebaut an der „Jungfrau" Maria, die gleichzeitig zunehmend ein Gegenbild zu Eva wird.

2. Auslegung der Kirchenväter

Fast in allen christlichen Auslegungen der Kirchen„väter" finden wir die Zuschreibungen wieder, die rabbinische Theologie auszeichnet. Entscheidend kommt allerdings vor allem bei den westlichen Kirchenvätern eine antisexuell getönte Frauenfeindlichkeit hinzu. Dabei unterscheiden sich die einzelnen Aussagen je nach ihrem gesellschaftlichen Kontext. Die subjektiven Erfahrungen der Kirchenväter spielen vermutlich ebenfalls eine erhebliche Rolle, sie werden jedoch selten reflektiert. Statt dessen wird scheinbar objektiv und streng theologisch argumentiert, und damit werden göttliche Normen postuliert. Viele Aussagen berühmter Theologen werden ausdrücklich *gegen* eine andere theologische Meinung formuliert, und das jeweilige (kirchen-)politische Kräftespiel hat dann entschieden, welche fortan die herrschende Meinung zu sein habe. Für manche Dogmen hat es Jahrhunderte gedauert, bis sie offiziell anerkannte Lehrmeinung – z. B. durch den Papst verkündete Dogmen – wurden. So formuliert z. B. Augustinus seine Erbsündenlehre gegen Pelagius oder Hieronymus seine Lehre von der immerwährenden Jungfräulichkeit Marias gegen Helvidius, um nur zwei Beispiele zu nennen.

Nicht alle Kirchenväter äußern sich abfällig über Frauen als solche. Das asketische Interesse konnten wir als ein vorrangiges schon im Neuen Testament beobachten.

Solange das Christentum immer wieder verfolgt wurde und das Märtyrertum hohes Ansehen genoß, waren Schwangerschaften und Kinder disfunktional und (sexuelle) Askese entsprechend die passende Lebensform.

Nachdem das Christentum Staatsreligion wurde, konnten christliche Familien in Ruhe vor Verfolgung um ihres Glaubens willen leben. Das Keuschheitsideal wurde zwar weiter als höchste Lebensform gepriesen, daneben galt aber auch die Ehe als gottgewollte Institution. Diese Haltung finden wir besonders ausgeprägt bei Hieronymus, aber auch bei Tertullian, der sich

mehrmals ausdrücklich gegen eine zweite Verheiratung aus-
spricht. Ich werde diese Texte später genauer zitieren.
Für Tertullian, Justin den Märtyrer oder Irenäus von Lyon z. B.
ist das asketische Ideal zentral für ein christliches Leben, für
Frauen wie für Männer.
Justin (gest. ca. 165) stellt als erster die Jungfrau Eva der Jungfrau Maria gegenüber und konstatiert, daß Eva *durch das Wort*
verführt wurde und Sünde und Tod gebar, Maria aber das Leben wieder in die Welt brachte.

Tertullian

Als ganz besonders frauenfeindlich wird Tertullian (ca. 160–220
n. Chr.) angesehen. Meist wird dies belegt durch ein kurzes Zitat über Eva als Verursacherin alles Bösen und der Gleichsetzung aller Frauen mit dieser Eva. Ich will diese Sätze hier ausführlicher in ihrem Zusammenhang zitieren und die Haltung
Tertullians gegenüber Frauen anhand mehrerer Texte deutlicher machen. Dabei beziehe ich mich auf drei seiner Schriften:
„Über den Putz der Weiber" (ca. 199–202), „Die zwei Bücher
an seine Frau" (ca. 200–203) und „Über die Aufforderung zur
Keuschheit" (ca. 208–210), eine an einen verwitweten Freund
gerichtete Schrift. Die beiden letztgenannten beschäftigen sich
mit der Ehe. Da Gott die Ehe Adams und Evas selbst gestiftet
hat, ist sie an sich eine gute Einrichtung, aber auf jeden Fall nur
als einmalige Ehe. Zentrales Anliegen beider Schriften ist die
Warnung vor einer zweiten Ehe nach dem Tod eines Partners.
Tertullian begründet dies mit Verweis auf Genesis 2, wonach ja
auch Adam nur eine einzige Frau gehabt habe – obwohl er ja
noch mehr Rippen hatte, aus denen Gott weitere Frauen hätte
schaffen können, wenn er die Mehrehe gutgeheißen hätte.
Gleichzeitig bezieht sich Tertullian aber auf Paulus, der das
Nichtverheiratetsein und die Enthaltsamkeit als das höhere Gut
preist und gerade auch den Witwen empfiehlt, nicht ein zweites

Mal zu heiraten. Dieser Verzicht gilt aber für Frauen wie für Männer gleichermaßen. Askese ist geboten, weil die fleischliche Begehrlichkeit die Gedanken von geistlichen Dingen abzieht und zu Sünden verführt – aus diesem Grunde eifert Tertullian gegen Kleidung, Schminke und Schmuck bei Frauen – und weil Christen sich keine Kinder wünschen sollen.

Gerade den letzten Gedanken betont Tertullian wiederholt und begründet ihn mit den Christenverfolgungen bzw. dem geforderten Märtyrertum seiner Zeit. Er selbst war etwa zur Zeit der Abfassung dieser Schriften zum Montanismus übergetreten, einer später als Sekte verfolgten christlichen Gruppierung. Die Montanisten lehnten das Kinderzeugen und -gebären ab, ebenso wie die meisten gnostischen Gruppen. Nach ihrer Auffassung wurde das Böse in der Welt durch Kinder immer neu reproduziert. Tertullians Haltung in dieser Frage ist vermutlich vom montanistischen Denken ebenso beeinflußt wie von der politischen Situation seiner Zeit.

Er betont ebenfalls den Ungehorsam Evas, durch den Sünde und Tod in die Welt kamen. Für ihn ist *jede* Frau eine Eva, die durch „Gefallsucht Gegenstand sündhaften Verlangens" wird und sich – wenn sie schon nicht selbst sündigt, „fremder Sünden teilhaftig macht"[55]. Deshalb eifert er in der Schrift „Über den Putz der Weiber" gegen alles, was zur Verschönerung dient und seiner Meinung nach gefährlich und unsinnig, ja gegen die Schöpfung gerichtet ist. Er beginnt das erste Kapitel des 1. Buches mit der Überschrift

Dass das leibliche Geschlecht sich schmücke, verträgt sich nicht mit der Stellung, worein es durch den Sündfall geraten ist[56]

und schreibt darin:

Wenn es hier auf Erden einen Glauben gäbe, der an Grösse dem Lohne entspräche, der im Himmel seiner wartet, dann würde von dem Tage an, wo Ihr, geliebteste Mitschwestern, den lebendigen Gott erkannt habt und Euch über Euren eigenen, d. h. des Weibes, Zustand klar geworden seid, keine von Euch mehr einen gefälligen, geschweige denn einen prachtvollen Anzug begehren, sondern jede würde lieber in Trauer leben, ja sogar ihr Äusseres vernachlässigen, da jede in sich selbst eine trauernde und büssende Eva herumträgt. Sie würde durch jede Art von Busskleidung dann um so vollständiger sühnen helfen, was Eva verschuldet hat, ich meine nämlich den schmählichen Sündenfall und den trostlosen Untergang der Menschen. In Schmerzen und Ängsten musst du gebären, o Weib, zum Manne musst du dich halten, und er ist dein Herr. Und du wolltest nicht wissen, dass du eine Eva bist? Noch lebt die Strafsentenz Gottes über dein Geschlecht in dieser Welt fort; dann muss also auch deine Schuld noch fortleben. Du bist es, die dem Teufel Eingang verschafft hat, du hast das Siegel jenes Baumes gebrochen, du hast zuerst das göttliche Gesetz im Stich gelassen, du bist es auch, die denjenigen erhört hat, dem der Teufel nicht zu nahen vermochte. So leicht hast du den Mann, das Ebenbild Gottes, zu Boden geworfen. Wegen deiner Schuld, und um des Todes willen, musste auch der Sohn Gottes sterben, und da kommt es dir noch in den Sinn, über deinen Rock von Fellen Schmucksachen anzulegen!? Wohlan, thue es; wofern von Anfang der Welt an die Milesier Schafe geschoren, die Serer Seide gesponnen, die Tyrer gefärbte, die Phrygier gestickte und die Babylonier golddurchwirkte Kleider bereitet haben, wofern die Perlen in weissem und die Rubinen in rotem Glanze gestrahlt haben, wenn das Gold damals bereits danach begierig war, aus der Erde gefördert zu werden, der Spiegel bereits lügen durfte und die aus dem Paradiese verstossene, bereits, wie mir scheint, tote Eva nach dergleichen Dingen Verlangen trug! Folglich darf auch jetzt solche Dinge nicht begehren oder auch nur kennen, die, welche Verlangen hat, wieder belebt zu werden und solche Dinge nicht kannte, als sie lebte. Das alles ist daher nichts als ein Ballast für das verurteilte und geistig tote Weib und dient ihr gleichsam als Leichenpomp.[57]

Das zweite Kaptiel des 2. Buches beginnt:

Durch die Gefallsucht kann das Weib Gegenstand sündhaften Verlangens werden und sich fremder Sünden teilhaftig machen

. . .

Zur vollkommenen, d. h. christlichen Sittsamkeit, müsst Ihr wissen, gehört es, dass man nicht nur niemals wünschen darf, ein Gegenstand des Verlangens zu werden, sondern dies sogar verabscheuen muss. Erstens kommt der Wunsch, durch Anmut zu gefallen, nicht mehr aus einem ganz unverdorbenen Gemüt, da wir wissen, dass die Anmut von Natur aus das Reizmittel zur Sinnenlust wird. Warum also erregst du in dir dieses so grosse Übel? Was ladest du zu Dingen ein, denen du deinem Bekenntnis nach fern stehen solltest? Zweitens dürfen wir keine Gelegenheit zu Versuchungen eröffnen, welche bisweilen allerdings durch ihren

Ansturm, wovor Gott die Seinigen bewahren möge, zu grösserer Vollkommenheit führen, aber doch sicher den Geist durch Ärgernis beunruhigen.[58]

Nach Kapitel 5 ist die Verschönerung gegen Gott gerichtet:

Die Anwendung von Schönheitsmitteln ist gewissermassen ein Frevel gegen Gottes Schöpferweisheit[59]

. . .

Diese Vorhaltungen sollen nicht dazu dienen, Euch ein gänzlich verwildertes und tierisches Aussehen anzuempfehlen. Auch wollen wir Euch nicht von der Nützlichkeit des Schmutzes und der Unsauberkeit überzeugen, sondern nur von der rechten Weise, dem Wesentlichen und der richtigen Grenze in der Pflege des Körpers. Man darf nicht weiter gehen, als es eine absichtslose und ausreichende Sauberkeit verlangt, nicht weiter, als Gott will. Denn er ist es, gegen den diejenigen fehlen, welche sich die Haut mit Salbe einreiben, die Wangen durch Schminke entstellen, die Augenbrauen durch Schwärze verlängern. Wahrscheinlich missfällt ihnen das Gebilde Gottes; sie bekritteln und tadeln an ihrer Person den Schöpfer aller Dinge. Denn sie tadeln, indem sie verbessern und vermehren wollen. Die Mittel dazu entlehnen sie dabei natürlich von einem rivalisierenden Künstler; der aber ist der Teufel. Denn wer könnte sonst Mittel und Wege zeigen, mit dem Körper Veränderungen vorzunehmen, als der, welcher auch den Geist des Menschen durch das Böse umgestaltet hat? Er ist es ohne Zweifel, welcher dergleichen künstliche Mittel zubereitet hat, so dass Ihr offenbar gewissermassen Hand an Gott anlegt. Was geboren wird, ist Gottes Werk. Was hinzugethan wird, ist also teuflisches Werk . . .[60]

Natürlich ist es auch Gott gewesen, der die Unterweisung gegeben hat, wie man Wolle mit Pflanzensäften und Muschelschleim einkocht. Es war ihm, als er das Weltall entstehen hiess, in Vergessenheit geraten, die Entstehung purpur- oder scharlachroter Schafe anzuordnen. Hat Gott denn auch die Fabrikation solcher Kleider ersonnen, welche, an sich leicht und dünn, einzig durch ihren Preis gewichtig werden? Ist Gott es, der solche Massen an Gold hervorgebracht hat, damit man die Edelsteine darein fassen und sortieren könne? Hat Gott auch den Ohrläppchen mit Sorgfalt Wunden beigebracht und auf die Verstümmelung seines Werkes und Marterung der Kinder, die dabei zum ersten Mal Schmerz empfinden, so viel Wert gelegt, damit in den Narben dieser gleichsam für das Messer bestimmten Körperteile gewisse Körnlein hängen sollten . . .[61]

Am Schluß seiner teilweise sehr witzig-ironischen Schrift begründet Tertullian seine Mahnungen gegen Putz und Schmuck damit, daß die Zeiten nach anderen Dingen verlangen:

Im übrigen aber sind die Zeiten für einen Christen stets, und jetzt ganz besonders, nicht nach Gold angethan, sondern das Eisen regiert. Martyrergewänder werden vorbereitet und die Engel warten ihres Amtes als Träger. Tretet also hervor, mit den Farben und Abzeichen der Propheten und Apostel angethan, nehmt an von der Einfalt das Weiss, von der Züchtigkeit das Rot, die Schminke für Eure Augen sei die Schamhaftigkeit, für den Mund das Schweigen; Euren Ohren seien eingeprägt die Worte Gottes, auf Euren Nacken flechtet das Joch Christi! Senket das Haupt vor Euren Ehemännern, und Ihr werdet geputzt genug sein! Lasst die Hände nach der Wolle greifen und bannt die Füsse innerhalb der Schwelle des Hauses fest, dann werdet Ihr mehr Gefallen erregen, als wenn Ihr in Gold einherginget! Kleidet Euch in den Seidenstoff der Rechtschaffenheit, in das Linnen der Heiligkeit und in den Purpur der Keuschheit! So angethan, werdet Ihr Gott zum Liebhaber haben.[62]

Aus diesem Grunde empfiehlt Tertullian sexuelle Askese, möglichst auch in der Ehe. Er warnt vor Kindern, weil sie Sorgen und Mühe machen. An einen verwitweten Freund schreibt er:

Aber es kommt auch vor, dass Christen, für die es doch kein Morgen gibt, auf Nachkommenschaft bedacht sind. Leibeserben sollte der Knecht Gottes sich wünschen, er, der sich selbst zum Enterbten vor der Welt gemacht hat!? Und das sollte ein Grund sein, sich zu wiederholten Malen zu verehelichen, wenn man aus der vorigen Ehe keine Kinder hat!? Demzufolge wird man es denn für das erste Gut halten, lange zu leben, während der Apostel zum Herrn eilte. Man wird also ganz gewiss bei den Verfolgungen der Bereitwilligste, beim Martyrium der Standhafteste, der Willfährigste beim Hergeben, der Zurückhaltendste im Erwerb sein, und zuletzt mit besonderer Ruhe sterben, da man ja Kinder hinterlässt, welche uns vielleicht ein Begräbnis besorgen. Werden solche Leute vielleicht durch die Sorge um den Staat dazu bewogen? Damit die Städte nicht aussterben, wenn für keinen Nachwuchs gesorgt wird, damit die gesetzlichen Rechte, damit der Handel nicht zu Grunde gehe, damit die Tempel nicht leer stehen, damit es nicht an Leuten fehlt, die das Geschrei erheben: Die Christen vor die Löwen! Solche Rufe wünschen diejenigen zu hören, welche nach Kindern verlangen.
Zur Anempfehlung des Witwenstandes dürften schon die, zumal bei uns eintretenden Ungelegenheiten, welche die Kinder verursachen, genügen; zur Aufziehung derselben müssen ja die Menschen sogar erst durch Gesetze angehalten werden, weil kein weiser Mann von freien Stücken jemals nach Kindern verlangt hat.[63]

Seiner Frau legt er Folgendes dar:

Ausserdem suchen sich die Leute noch Motive zum Heiraten in der
Sorge um Nachkommenschaft und der mit so vielen Bitterkeiten verbundenen Freude an Kindern. Für uns gilt das nicht. Denn was sollten
wir uns freuen, Kinder zu schleppen? Wenn wir welche haben, so wünschen wir, sie möchten uns vorangehen, im Hinblick nämlich auf die
drohenden Bedrängnisse; wir sind ja auch für unsere eigene Person voll
Verlangen, dieser ruchlosen Welt entzogen und zu Gott aufgenommen
zu werden, was auch der Wunsch des Apostels war. Aber für den Diener
Gottes ist natürlich Nachwuchs notwendig! Denn unseres Heiles sind
wir ja hinlänglich sicher, so sicher, dass wir Zeit genug für Kinder übrig
haben. Wir müssen uns also nach Lasten umsehen, welche sogar von
den Heiden meistenteils gemieden, welche von den Gesetzen gefördert,
welche sogar durch Kindesmord beseitigt werden und welche uns, als
den Christen gefährlich, vollends sehr ungelegen sind. Denn warum hat
der Herr über die Schwangeren und Säugenden ein Wehe ausgerufen?
Warum anders, als weil er bezeugt, dass die durch die Kinder verursach-
ten Hemmnisse ihnen in jenen Tagen von Nachteil sein werden. Und
daran ist eben das Heiraten schuld. Die Witwen aber werden nichts damit zu schaffen haben. Bei dem ersten Posaunenstoss des Engels werden sie frei und ungehindert herbeieilen; sie werden jene Bedrängnis
und Verfolgung gern ertragen; keine schwellende Last im Mutterleibe
oder an den Brüsten, als Folge des Heiratens, beschwert sie. Mag man
daher aus Begierlichkeit, wegen irdischer Interessen oder mit dem Verlangen nach Kindern die Ehe eingehen, keines dieser treibenden Motive trifft bei den Dienern Gottes zu. Man sollte genug daran haben,
dass man einem davon ein einziges Mal unterlegen ist, und mit einer einmaligen Ehe jedes Verlangen der Art gestillt sein lassen![64]

Vor allem warnt Tertullian davor, eine zweite Ehe einzugehen,
sowohl die eigene Frau als auch den verwitweten Freund. Er
nimmt damit einen zentralen Punkt der Montanisten auf, deren
rigorose Ethik für ihn sehr bestimmend war. Seine theologische
Begründung geht davon aus, daß auch Adam eine einzige Frau
hatte.

Um das Gesetz, nur einmal zu heiraten, als giltig hinzustellen, dazu hilft
die Art und Weise der Entstehung des Menschengeschlechtes selbst,
welche Zeugnis davon gibt, was Gott von Uranfang als die für die Nachkommenschaft zu beherzigende Ordnung festgestellt habe. Als er nämlich den Menschen geformt hatte und ihm die ihm notwendige Genossin
besorgte, da nahm er eine von dessen Rippen und bildete daraus für ihn

das eine Weib, obwohl gewiss weder der Bildner noch die Materie erschöpft war. Denn Adam hatte noch mehr Rippen und die Hände Gottes waren nicht so schnell zu ermüden, aber vor Gott gab es keine Gattinnen weiter. Daher haben Adam, der gottgeschaffene Mann, und Eva, das gottgeschaffene Weib, in einmaliger Ehe miteinander lebend, der Menschheit die Ordnung vorgezeichnet und bestimmt, kraft der Autorität ihrer Entstehungsweise und kraft des uranfänglichen Willens Gottes. So heisst es denn auch: „Sie werden zwei sein in einem Fleische", nicht drei oder vier . . .

Aus einer einmaligen Ehe stammen wir beide Male, sowohl in leiblicher Hinsicht bei Adam als in geistiger bei Christus. Für die beiden Geburten ist das Gesetz dasselbe, die Monogamie; in beiden schlägt aus der Art, wer über die Monogamie hinausgeht . . .[65]

Im gleichen Sinne schreibt er an seine Frau und beginnt seinen ersten Brief:

Ich habe es, meine teuerste Mitdienerin im Herrn, schon jetzt für angemessen erachtet, festzusetzen, wie Du Dich nach meinem Hintritt aus dieser Zeitlichkeit, für den Fall, dass ich eher abgerufen würde als Du, einrichten sollst, und deiner Gewissenhaftigkeit anzuempfehlen, dass Du diese Festsetzung beobachtest. Haben wir doch schon mit den zeitlichen Dingen so viel zu thun und wollen wir, dass für jedes von uns beiden gesorgt sei. Wenn wir für solche Angelegenheiten Urkunden errichten, warum sollten wir nicht noch viel mehr in betreff der göttlichen und himmlischen Dinge für die nach uns kommende Zeit Vorsorge treffen und so zu sagen zum voraus ein Legat bestimmen?

Ich schreibe Dir also vor, nach meinem Hinscheiden mit aller Enthaltsamkeit, deren Du fähig bist, jeder ehelichen Verbindung zu entsagen. Mir wirst Du dadurch nichts geben, als nur, dass Du Dir nützest. Den Christen, die aus der Zeitlichkeit geschieden sind, wird ja übrigens keine Wiederherstellung ihrer Ehen für den Tag der Auferstehung verheissen; denn sie sind zu engelhafter Natur und Heiligkeit umgewandelt . . .[66]

Denn wenn Du gleich durch die Wiederverheiratung keine Sünde begehst, so heisst es doch, dass Bedrängnis durch das Fleisch die Folge sein werde. Darum wollen wir die Gelegenheit zur Enthaltsamkeit, sobald sie sich darbietet, nach Kräften lieben und uns damit befreunden, so dass wir, was wir in der Ehe nicht vermocht haben, in der Witwenschaft erreichen. Man muss die Gelegenheit ergreifen, welche uns dessen entledigt, was die Notwendigkeit uns auferlegte. Wie sehr eine zweite Heirat den Glauben herabsetzt, wie sehr sie der Heiligkeit widerstrebt, das zeigt die Disziplin der Kirche und die Vorschrift des Apostels, wenn er die zweimal Verheirateten nicht zu Vorsteherämtern zulässt, wenn er keine Witwe in den Witwenstand aufzunehmen gestattet, als nur Witwen eines einzigen Mannes; denn vor Gott darf ja nur ein reiner Altar aufgestellt werden.[67]

Zwar spricht er davon, daß die Ehe als von Gott gestiftet etwas Gutes sei, Enthaltsamkeit sei aber noch besser. Lobend erwähnt er, daß heidnische Eheleute nach ihrer Taufe gegenseitig Enthaltsamkeit geloben:

Wir verwerfen die Verbindung zwischen Mann und Weib keineswegs. Sie ist von Gott gesegnet als die Pflanzstätte des menschlichen Geschlechts und erfunden, um den Erdkreis zu bevölkern und die Zeit des Bestehens der Welt auszufüllen; darum ist sie auch erlaubt, – aber nur eine einzige. Denn Adam war auch der einzige Ehemann der Eva, und Eva seine einzige Ehefrau, das eine Weib, die eine Rippe . . .[68]

Kommt uns etwas schwer vor, so erinnern wir uns anderer, die noch Schwereres vollbringen! Wie viele sind es nicht, die nach der Taufe sofort ihr Fleisch versiegeln; wie viele, die ebenso mit beiderseitiger Einwilligung sich der ehelichen Leistungen untereinander begeben als Menschen, die sich aus Begierde nach dem Himmelreich selbst verschneiden! Wenn also Enthaltsamkeit in der Ehe geübt wird, um wie viel mehr nach Zerreissung derselben! Denn ich halte es für schwieriger, etwas noch Bestehendes aufzugeben, als etwas, was man verloren, nicht mehr zu begehren.[69]

Zusammenfassung

Tertullian wird innerhalb feministischer Theologie als ein Prototyp von Frauenfeindlichkeit betrachtet. Ich denke, wir müssen hier unterscheiden: In der Traditionskette von Paulus her war Tertullian *asketisch* und entsprechend der montanistischen Auffassung sexualfeindlich, er achtete jedoch Frauen genauso hoch wie Männer, wenn sie sich diesen Idealen verpflichteten oder eine einmalige Ehe eingingen. Vor dem Hintergrund der Christenverfolgungen seiner Zeit ist diese Haltung begreiflich. Insofern er aber Paulus' Empfehlung, lieber nicht zu heiraten, höher einschätzt als die Ehe, wirkt sich seine Einstellung als ein Baustein für die sich später verschärfende Polarisierung und einseitige Hochschätzung der biologischen Jungfräulichkeit aus. Hieronymus wird sie an der immerwährenden Jungfräulichkeit der Maria „durchbuchstabieren".

Obwohl wir eine Reihe von (Tod-)Sünden kennen, wird die Sexualität zunehmend zur zentralen. Noch heute fällt uns bei den „Sünden des Fleisches" keineswegs zuerst die Völlerei ein. Und die „Große Sünderin" bei Lukas ist nach allgemeiner Auffassung selbstverständlich eine Prostituierte – eine andere Sünde kam bei einer Frau offensichtlich gar nicht in Frage.

Die Verbindung von Sünde mit Sexualität wird aus dem Genesistext selbst biblisch begründet mit Gen 2, 25 und 3, 7 ff: Vor dem Sündenfall waren beide Menschen nackt und schämten sich nicht, danach schämten sie sich und bedeckten sich mit Blättern. Und da sie ja nicht ihre Münder bedeckten – mit denen sie gesündigt hatten –, sondern ihr Geschlecht, mußte die Ursünde etwas mit der Geschlechtlichkeit zu tun haben; sinnliche Begierde schrumpfte zu sexueller.

Adam und Eva – das ist der Name des Weibes – waren nackt und schämten sich nicht; denn sie waren ohne Sünde und kindlichen Sinnes. Ihr Geist war frei von Vorstellungen und Gedanken, wie sie seither aus Bosheit durch sinnliche Begierde und schändliche Gelüste in der Seele entstehen. Noch hatten sie ja ihre Natur unversehrt bewahrt, denn vom Schöpfer war der Hauch des Lebens ihnen eingehaucht worden. Solange dieser Hauch unentweiht und unversehrt bleibt, ist er ohne Empfänglichkeit und Sinn für das Schlechte. Deshalb also schämten sie sich nicht bei ihren Küssen und Umarmungen in Reinheit nach Kinderart.[70]

Vor dem Genuß waren „beide nackt, Adam und Eva, und sie schämten sich nicht" [Gen 2, 25]. Gott wollte, daß wir so leidenschaftslos seien – das ist ja ein Zeichen höchster Leidenschaftslosigkeit –, außerdem auch sorglos, daß wir nur eine Beschäftigung haben, jene der Engel: unaufhörlich und unablässig den Schöpfer zu preisen und uns in seiner Anschauung zu ergötzen und unsere Sorge auf ihn zu werfen.[71]

So hat ja der erste Mensch, der in der Sprache der Hebräer auch Adam genannt ward, nach Angabe der heiligen Schriften zu Anfang in harmloser Freiheit mit Gott geistigen Umgang gepflogen und mit den Heiligen zusammengelebt in der Betrachtung der geistigen Welt.

So also hat der Schöpfer das Menschengeschlecht ausgestattet, und so sollte es nach seinem Willen bleiben. Doch die Menschen schätzten das Bessere gering, waren in dessen Ergreifung säumig und suchten mehr das, was ihnen näher lag. Näher aber lag ihnen der Körper mit seinen

Sinnen. So wandten sie ihren Geist vom Geistigen ab und begannen sich selbst zu betrachten. Aber in der Betrachtung ihrer selbst, beschlagnahmt vom Körper und der übrigen Sinnenwelt und sich hier gleichsam daheim wähnend, verfielen sie der Begierde nach sich selbst und zogen der Betrachtung des Göttlichen das Ihrige vor. Indem sie aber darin verweilten und von dem, was näher lag, nicht lassen wollten, gaben sie ihre von allerlei Begierden verwirrte und verunreinigte Seele den körperlichen Lüsten gefangen, und schließlich vergaßen sie der ihnen ursprünglich von Gott verliehenen Kraft.

Man kann das schon beim ersten erschaffenen Menschen bewahrheitet sehen, laut dem, was die heiligen Schriften von ihm erzählen. Auch er blieb, solange er seinen Geist auf Gott und dessen Betrachtung richtete, von der Betrachtung seines Körpers abgewandt. Als er aber auf Anraten der Schlange seine Gedanken von Gott ablenkte und sich selbst zu betrachten anfing, da verfielen sie alsbald auch der sinnlichen Lust, erkannten, daß sie nackt waren, und schämten sich nach erwachter Erkenntnis. Sie erkannten aber ihre Nacktheit nicht so sehr im Mangel an Kleidung, sondern weil sie der Betrachtung des Göttlichen verlustig gegangen waren und ihre Gedanken auf das Gegenteilige gerichtet hatten. Denn abgefallen von der Betrachtung Gottes, des Einen und Wahren, und von der Liebe zu ihm, ergaben sie sich jetzt den verschiedenen Begierden des Leibes und seinen Trieben. Und wie es zu geschehen pflegt: von der gelegentlichen und vielfachen Befriedigung der Lust kam es bei ihnen auch zur entsprechenden Gewohnheit, so daß sie gar in Furcht lebten, ihnen entsagen zu müssen.[72]

Als die Übertretung des Gebotes geschehen war, schämten sich die ersten Menschen, von der Gnade Gottes verlassen, sofort der Nacktheit ihrer Leiber. Daher bedeckten sie mit Feigenblättern, vielleicht weil sie solche in ihrer Verwirrung zuerst wahrnahmen, ihre Schamteile; diese waren vorher die nämlichen Gliedmaßen, aber keine Schamteile. Sie fühlten also eine bisher nicht gekannte Regung ihres unbotmäßigen Fleisches, gleichsam die zurückprallende Strafe ihrer eigenen Unbotmäßigkeit.[73]

Die Frau war von Gott in weiser Voraussicht geschaffen worden. Er wußte, daß die Menschen sündigen würden und sterben, aber darum sich auch fortpflanzen müßten. Im Paradies selbst war das ja nicht notwendig – dort wurde nicht *gezeugt* und *geboren*, die Menschen waren von Gott *geschaffen* worden:

Der Schöpfer hat den Menschen als Mann geschaffen, er hat ihm seine göttliche Gnade geschenkt und dadurch ihn in Gemeinschaft mit ihm gebracht. Deshalb hat der Mensch auch wie ein Herr den ihm gleichsam als Diener zugewiesenen Tieren prophetisch die Namen gegeben. Denn da er nach Gottes Bild vernünftig und denkend und frei geschaffen ward, hat er mit Recht die Herrschaft über das Irdische vom gemeinsamen Schöpfer und Herrn aller Dinge empfangen. Da aber der vorauswissende Gott wußte, daß er sich der Übertretung des Gebotes schuldig machen und dem Verderben verfallen werde, schuf er aus ihm ein Weib, eine Gehilfin für ihn, ihm entsprechend. Eine Gehilfin, um nach der Übertretung des Gebotes durch Zeugung Nachkommenschaft zu erhalten. Die ursprüngliche Bildung heißt Erschaffung und nicht Zeugung. Erschaffung ist die ursprüngliche Bildung durch Gott, Zeugung aber ist die kraft des Todesurteils wegen der Übertretung erfolgte Abstammung voneinander.[74]

Weil Zeugung und Geburt erst *Folgen* des Sündenfalls sind, wird dadurch die Ursünde weitergegeben: *Hochmut* und *Begierlichkeit* sind nach *Augustin* die Hauptmerkmale dieser Ursünde, die von ihm zur Lehre von der *Erbsünde* ausgebaut wird. Er formuliert diese Lehre gegen andere theologische Auffassungen seiner Zeit (gegen die Pelagianer). Eine afrikanische Synode erkennt sie 418 als Lehre an. Von dieser Zeit an spielt die Erbsündenlehre eine erhebliche Rolle in der Westkirche – die Ostkirche kennt sie nicht.

Vor allem Thomas von Aquin baut weiter darauf auf, und das Konzil von Trient (1545–1563) erhebt sie endgültig zur katholischen Lehre, nachdem sie von den Reformatoren in dieser Form – als eine Art „Ansteckung" bei der Fortpflanzung – abgelehnt worden war.

Pelagius fand die Deutung von Paulus in Röm 5,12 falsch, durch einen Menschen sei die Sünde in die Welt gekommen; der Tod ginge daher auf alle Menschen über, weil alle sündigten.

Marina Warner schreibt dazu: „Pelagius interpretierte den Sündenfall als das Ergebnis eines Gottesgeschenkes an die Menschheit, nämlich der Willensfreiheit. Diese Ansicht war schon recht orthodox; er fügte aber hinzu, daß die Sünde von Adam und Eva persönlicher Natur war und nicht durch sie auf die gesamte Menschheit übertragen wurde. Er verwarf die Behauptung des Heiligen Paulus im Brief an die Römer: ‚Deshalb, wie durch einen Menschen die Sünde in die Welt gekommen ist und durch die Sünde der Tod und so der Tod auf alle Menschen überging auf Grund der Tatsache, daß alle sündigten.' (Römerbrief 5,12) Die ‚Erbsünde' existierte nicht. Der verblüffend modernen Auffassung des Pelagius zufolge ist der Mensch aus sich heraus in seiner Entscheidung frei, entweder Gutes zu tun oder zu sündigen, und die Gnade Gottes stellt eine zwar hilfreiche, jedoch unnötige Stütze dar. Durch die Kreuzigung Christi ist die Menschheit nicht erlöst worden, weil die Menschheit der Erlösung nicht bedurfte. Die Sünde Adams war seine persönliche Schuld, die sonst niemanden betraf. Das Leben Jesu und seine

Lehren stellen nur ein überragendes Beispiel an Tugend dar, dem die Menschen nacheifern sollten."[75]

Augustins Lehre ist durchgesetzt worden und hat die Theologie bis heute bestimmt – sollte sie nicht revidierbar sein? Seiner Auslegung nach ist die Begehrlichkeit zuerst durch Eva in die Welt gekommen, denn Adam lebte im Einklang mit Gott und im Gehorsam, also ist „die" Frau die Verkörperung von Fleisch – Sünde – Begierde.

Er schuf ihm auch zur Gehilfin das Weib, nicht zum Zwecke der Fleischeslust, denn ihre Körper waren ja, ehe sie der Sterblichkeit als Sündenstrafe unterlagen, auch der Verderbnis nicht unterworfen. Nein, der Mann sollte Ehre haben von seinem Weibe, indem er ihm den Weg zu Gott voranwandle und ihm in Heiligkeit und Hingebung ein Beispiel zur Nachahmung gebe, geradeso wie der Mann selber der Ruhm Gottes gewesen wäre, wenn er Gottes Weisheit nachgefolgt wäre.[76]

Schon entglitt ja die Seele, die sich an ihrer auf das Verkehrte gerichteten Sonderfreiheit ergötzte und Gott zu dienen verschmähte, der Zügel der Herrschaft über den Leib. Weil sie den Herrn über sich aus eigenem Gutdünken verlassen hatte, vermochte sie den Diener unter sich nicht mehr unter das eigene Gutdünken zu beugen und hatte das Fleisch nicht mehr in allem zum Untertanen, wie sie es immerfort hätte haben können, wenn sie selbst Gott untertan geblieben wäre. Damals also begann das Fleisch wider den Geist aufzubegehren, und wir werden mit diesem Widerspruch behaftet schon geboren, und von jener ersten Sünde überkommen wir den Anfang des Todes und tragen wir in unsern Gliedern und unserer verderbten Natur den Kampf mit dem Tode oder den Sieg des Todes. Gott hat den Menschen gut erschaffen, er, der Urheber der Naturen, doch nicht der Gebrechen; aber durch eigene Schuld verderbt und gerechterweise verdammt, hat der Mensch Verderbte und Verdammte erzeugt . . .

Und weil jenes wegen der Sünde dem Verderben anheimgefallen und mit Todesbanden umstrickt und gerechterweise verdammt war, so sollte auf dem Weg der Zeugung von Mensch zu Mensch den Nachkommen das gleiche Los zuteil werden. Im Mißbrauch des freien Willens hat demnach die ganze Folge des Elends ihren Ursprung, die das Menschengeschlecht in eine Kette von Unheil bis zum endgültigen Untergang im zweiten Tode geleitet, nachdem einmal sein Anfang verderbt und damit gleichsam seine Wurzel krank geworden war.[77]

Es herrschte ein wunschloses Meiden der Sünde, und solange dieses andauerte, brach von keiner Seite irgendein Übel herein, das Betrübnis hervorgerufen hätte. Oder begehrten sie etwa, die verbotene Frucht zu

Abb. 7:   Eva als Verführerin wird verdoppelt durch die Schlange mit Frauenkopf; die Gesichter sind einander häufig ähnlich. Diese Darstellungsweise stammt aus dem Frankreich des 13. Jahrhunderts und wird häufig übernommen.

genießen, fürchteten aber den Tod, und hätten sonach Begierde und Frucht schon damals an jener Stätte die ersten Menschen beunruhigt? Nein, es gab ja da überhaupt keine Sünde, und von Sünde wäre es nicht freizusprechen, wollte man wider das Gebot Gottes begehren und sich der Übertretung aus Furcht vor der Strafe enthalten, nicht aus Liebe zur Gerechtigkeit.

Nein, sage ich, es gab dort vor dem Eintritt der Sünde überhaupt nicht schon der verbotenen Frucht gegenüber jene Sünde, die Gott dem Weibe gegenüber kennzeichnet mit den Worten: „Wenn einer ein Weib ansieht, um ihrer zu begehren, hat er schon die Ehe mit ihr gebrochen in seinem Herzen." [Matth 5, 28] Und so glücklich nun, wie die ersten Menschen waren, frei von Gemütsunruhe und von allem Ungemach des Leibes, ebenso glücklich wäre die gesamte Gemeinschaft der Menschen, wenn das erste Paar nichts Böses begangen hätte, das sie auch auf die Nachkommen hinüberleiteten . . .[78]

Augustin betont die Leichtgläubigkeit und mindere Qualität der Frau gegenüber dem Mann. Adam hätte sich nicht verführen lassen, und also mußte der Teufel beim „niedrigeren Teil" beginnen, um an das „Ganze" zu gelangen. Selbstverständlich hat Adam den Worten Evas nicht geglaubt, sondern allein aus Liebe zu ihr das Gebot Gottes übertreten:

Nachdem jedoch jener hochmütige und deshalb neidische Engel, eben durch seinen Hochmut von Gott ab- und sich selbst zugekehrt und mit einer Art tyrannischer Wollust seine Freude lieber darin suchend, Sklaven zu seinen Füßen zu sehen als selbst zu Füßen zu liegen, aus seinem geistigen Paradies herabgefallen war, ging sein Streben dahin, sich mit verführerischer Verschlagenheit in den Geist des Menschen einzuschleichen. Und er erwählte sich im wirklichen Paradiesesort, wo außer den beiden Menschen, Mann und Weib, auch die übrigen irdischen Lebewesen, alle zahm und unschädlich, weilten, als sein Sprachrohr, geeignet für sein Vorhaben, die Schlange, ein schlüpfriges Tier, gewandt in krummen Schleichwegen. Diese machte er sich gefügig in seiner geistigen Bosheit durch seine Engelserscheinung und seine überragende Natur und redete, sie als sein Werkzeug mißbrauchend, Lug und Trug zum Weibe, indem er bei dem minderen Teil des Menschenpaares den Anfang machte, um stufenweise zum Ganzen zu gelangen, in der Meinung, der Mann werde nicht so leichtgläubig sein und könne eher durch Nachgiebigkeit gegenüber fremdem Irrtum als durch eigenen Irrtum betrogen werden.

So hat vermutlich auch der erste Mann seinem Weibe, der einzige der einzigen, der Mensch dem Menschen, der Gatte der Gattin, in der Übertretung des Gebotes Gottes aus enger geselliger Verbindung nachgegeben, ohne ihre Worte für wahr zu halten und durch sie sich verführen zu lassen. Denn sicher mit gutem Grund sagt der Apostel: „Adam ward nicht verführt, das Weib aber ward verführt" [1 Tim 2, 14]; er will damit andeuten, daß Eva die Worte, welche die Schlange an sie richtete, als Wahrheit hinnahm, während Adam mit seiner einzigen Gefährtin eben verbunden bleiben wollte, selbst in der Gemeinschaft der Sünde, freilich deshalb nicht minder schuldbeladen, wenn er wissentlich und mit Überlegung sündigte . . . So ward er allerdings nicht in dem Sinne verführt, wie das Weib verführt ward, aber er täuschte sich immerhin darin, wie seine Entschuldigung beurteilt werden mußte: „Das Weib, das du mir beigesellt hast, sie gab mir, und ich aß." [Gen 3, 12] Also, um es kurz zu sagen: Wenn auch nicht beide durch gläubige Zustimmung sich betrügen ließen, so ließen sich doch beide durch Sündigen einfangen und in die Fallstricke des Teufels verwickeln.[79]

Besonders schlimm findet Augustin den *Stolz*, die Hoffart, die beide Menschen nach Entdeckung ihrer Tat zeigen. Sie bitten nicht um Verzeihung, sondern beschuldigen jeweils andere. Ein kleines augustinisches Detail am Rande: die Reihenfolge ist verändert. Zuerst beschuldigt die Frau die Schlange, dann der Mann die Frau – *ihre* Hoffart geht der seinen voran.

Schlimmer noch und verdammlicher ist die Hoffart, womit man selbst in offenbaren Sünden den Schutzmantel der Entschuldigung sucht, wie es die ersten Menschen getan haben, von denen der eine sprach: „Die Schlange verführte mich, und ich aß", der andere aber: „Das Weib, das du mir gegeben hast, gab mir die Frucht vom Baume, und ich aß." Nirgend ertönt hier die Bitte um Verzeihung, nirgend die Anrufung der Arznei. Denn ob sie auch, was sie begangen hatten, nicht leugneten, wie Kain späterhin tat, so suchte dennoch ihre Hoffart auf einen andern zu schieben, was sie selbst verbrochen hatte. Doch vergeblich beschuldigt der Stolz des Weibes die Schlange, vergeblich der Stolz des Mannes das Weib; denn wo die Übertretung des göttlichen Gebotes offenbar ist, klagt, wer sich darüber entschuldigen will, sich vielmehr dadurch selbst an. Denn sie hatten darum nicht minder gesündigt, weil das Weib auf die Überredung der Schlange, der Mann aber auf das Dringen des Weibes die Tat beging, so als ob man irgend etwas anderem eher glauben oder folgen solle als Gott.[80]

Die Herrschaft des Mannes über die Frau begründet Augustin traditionsgemäß mit dem Sündenfall, bereichert dies aber um ein interessantes Detail, das er noch mit einem neutestamentlichen Zitat abstützt: Die Frau ist fleischlich, und das Fleisch muß durch den Geist beherrscht werden:

Nachdem nämlich Gott zum Weibe gesagt: „Vermehren und vervielfältigen will ich deine Betrübnisse und dein Seufzen", und „in Betrübnissen sollst du Kinder gebären", fuhr er fort: „Und zu deinem Manne deine Hinkehr, und er wird herrschen über dich." Was dort zu Kain gesagt wurde über die Sünde oder das sündhafte Fleischesbegehren, das ist hier über das sündigende Weib ausgesprochen, woraus zu ersehen ist, daß der Mann in der Herrschaft über die Ehegenossin ähnlich sein müsse dem das Fleisch beherrschenden Geist.[81]

Augustin wird über Jahrhunderte *der* Kirchenvater schlechthin bleiben. Seine Lehre bestimmt die – katholische – Theologie bis heute.

Auch der große Kirchenlehrer *Thomas von Aquin* (1225–1274) baut darauf auf. In seiner „Summa" versucht er, die Lehren der Kirchenväter mit denen antiker Philosophie zu verbinden. Insbesondere Aristoteles wird geschätzt und dessen frauenfeindliche Ansichten werden übernommen – sie paßten ja auch gut zum eigenen Denken.

Im Zusammenhang mit der Schöpfung beruft sich Thomas auf Augustin und betont die Minderwertigkeit der Frau unter Berufung auf Aristoteles einerseits und auf Genesis 2 andererseits. Die Frau als „verfehlter Mann" durfte infolgedessen bei der „Urbegründung der Dinge nicht hervorgebracht werden". Von daher kann Thomas gar nicht den Schöpfungsbericht nach Genesis 1 berücksichtigen, nach dem Mann und Frau gleichzeitig geschaffen und zur Herrschaft über die Erde berufen wurden.

Und weiter sagt Thomas, daß die Unterwerfung der Frau Ergebnis ihrer Sünde sei und daß sie allein zur Fortpflanzung notwendig war – zu jedem anderen Zwecke sei ein Mann ja besser geeignet:

Vater und Mutter werden geliebt als die Urheber unseres natürlichen Seins. Freilich ist der Vater in einer hervorragenderen Weise Urheber als die Frau, da er der aktivere Urheber ist, während die Mutter die passive und stoffliche Urheberin ist. Folglich gebührt, genau genommen, dem Vater die größere Liebe. (. . .)

Zum Zeugungsakt des Mannes steuert die Mutter die amorphe Materie des Körpers bei; und die letztere erhält ihre Form durch die gestaltende Kraft, die im väterlichen Samen enthalten ist. Obgleich diese Kraft nicht die vernunftbegabte Seele erschaffen kann, macht sie die Materie des Körpers bereit, jene Form zu empfangen.

1. Der Philosoph sagt: „Das Weib ist ein verfehlter Mann". Bei der Urbegründung der Dinge durfte es aber nichts Verfehltes und Mangelhaftes geben. Also durfte das Weib bei der Urbegründung der Dinge nicht hervorgebracht werden.

2. Unterwerfung und Herabsetzung sind Folgen der Sünde; denn zum Weibe wurde nach der Sünde gesagt (Gn 3, 16): „Du wirst unter der Gewalt des Mannes sein." Und Gregorius sagt: „Wo wir nicht sündigen, sind wir alle gleich." Das Weib steht aber von Natur aus dem Manne an Kraft und Würde nach; denn Augustinus sagt, es sei immer ehrenvoller, tätig zu sein als zu leiden. Also durfte das Weib bei der ersten Hervorbringung der Dinge vor der Sünde nicht hervorgebracht werden.

3. Anlässe zur Sünde müssen unterbunden werden. Gott wußte aber vorher, daß das Weib dem Manne Anlaß zur Sünde werden würde. Also durfte Er das Weib nicht hervorbringen.
Andererseits heißt es Gn 2, 18: „Es ist nicht gut, daß der Mensch allein sei; lasset Uns ihm eine Gehilfin machen, die ihm gleich ist."
Antwort: „Es war notwendig, daß das Weib ins Dasein trat, wie die Schrift sagt, als die Gehilfin des Mannes; zwar nicht als Gehilfin zu einem [andern] Werke [als dem] der Zeugung, wie einige behaupten, da ja der Mann zu jedem sonstigen Werke eine bessere Hilfe im andern Manne findet als im Weibe, sondern [es war notwendig] als Gehilfin beim Werke der Zeugung."

Zu 1. Hinsichtlich der Einzelnatur ist das Weib etwas Mangelhaftes und eine Zufallserscheinung; denn die im männlichen Samen sich vorfindende wirkende Kraft zielt darauf ab, ein dem männlichen Geschlechte nach ihr vollkommen Ähnliches hervorzubringen. Die Zeugung des Weibes aber geschieht auf Grund einer Schwäche der wirkenden Kraft wegen schlechter Verfassung des Stoffes. (. . .) Aber mit Bezug auf die Gesamtnatur ist das Weib keine Zufallserscheinung, sondern nach der Absicht der Natur deren Zeugungsakt zugeordnet. Die Absicht der Gesamtnatur ist aber von Gott abhängig, dem Allurheber der Natur, und darum hat Er bei der Begründung der Natur nicht nur den männlichen, sondern auch den weiblichen Zeugungsgrund hervorgebracht.[82]

So weit die männlichen Theologen der Alten Kirche und des Mittelalters.

3. Auslegung von Frauen

Hildegard von Bingen

In der Auslegung von Genesis 1–3 finden wir *bei Frauen* schon früh eine liebevollere Akzentuierung, wie z. B. bei der Mystikerin *Hildegard von Bingen*.

Zwar ist Hildegard der Theologie ihrer Zeit verbunden und von daher überzeugt vom Vorrang des Mannes als des Beherrschers der Schöpfung. Weil er aus Erde geschaffen wurde, ist er kräftiger als die mehr „luftartige" und „kunstbegabte" Frau:

> Adam, aus der Erde geschaffen, wurde mit den Elementen aufgeweckt und so verwandelt; Eva aber, aus Adams Rippe hervorgegangen, ist nicht verwandelt worden. So war Adam aus der Lebensfrische der Erde heraus mannhaft (de viriditate virilis) und von den Elementen her überaus zeugungskräftig (fortissimus); Eva aber blieb in ihrem Mark weichlich, und sie hatte eine mehr luftartige Gesinnung (mens), eine sehr feine Kunstbegabung (ars) und eine kostbare Lebendigkeit (vita), weil die Last der Erde sie nicht bedrückte. Doch wie sie selbst aus dem Manne herausgeführt worden war, so trat aus ihr das gesamte Menschengeschlecht hervor.[83]

> Gott machte aus dem Lehm der Erde den Menschen. Der Mann aber ist aus dem Lehm in Fleisch umgewandelt worden: Aus diesem Grunde ist er die eigentliche Ursache und der Beherrscher der Schöpfung. Und er bearbeitet das Irdische, auf daß es fruchtbar werde; dazu liegt ein besonderes Vermögen in seinen Knochen, seinen Gefäßen und seinem Fleisch. Er hat einen unversehrten Kopf und eine trockene Haut, trägt seine Zeugungskraft bei sich und sendet seinen Samen aus wie die Sonne das Licht.
> Die Frau hingegen erfuhr eine solche Umwandlung nicht; vom Fleische genommen, blieb sie auch Fleisch. Deshalb ist ihren Händen ein kunstreicheres Werk anvertraut, und sie ist gleichsam luftartigen Wesens, weil sie das Kind in ihrer Gebärmutter austragen soll, um es dann zur Welt zu bringen. Auch hat sie einen gespaltenen Schädel und eine dünnere Haut, damit das Kind, das sie in der Gebärmutter austrägt, Luft bekommt.[84]

Hildegard geht mit Genesis 3 davon aus, daß Eva zuerst gesündigt hat, wendet dies aber eher ins Positive: Weil Eva „gebrechlicher" war als der Mann, konnte ihre Sünde eher getilgt werden.

Hätte Adam früher als Eva gesündigt, so wäre diese Sünde so schwer und auch so unverbesserlich gewesen, daß der Mensch in eine solch große Verhärtung der Nichtwiedergutmachung gefallen wäre, daß er weder hätte gerettet werden können noch hätte gerettet werden wollen. Da aber Eva zuerst sündigte, konnte dies eher getilgt werden; denn sie war gebrechlicher als der Mann.[85]

Schlange, Apfel und Lustempfinden des Essens werden mit der Sexualität verbunden, hier aber mit der „Begierlichkeit" des *Mannes*.

Das erste Werden eines Menschen entspringt jener Lustempfindung, die die Schlange dem ersten Menschen beim Genuß des Apfels gab, weil damals schon das Blut des Mannes durch Begierlichkeit aufgewühlt war.[86]

Gleichzeitig wird von Hildegard Sexualität mit Liebe verbunden.

Als Gott den Adam schuf, hatte Adam eine große Liebe in seinem Schlafe, den Gott über ihn sandte. Und Gott gab der Liebe des Mannes Gestalt, und so ist die Frau die Liebe des Mannes. Sowie nun die Frau gebildet ward, gab Gott dem Manne jene Schöpferkraft, daß er aus seiner Liebe, welche die Frau ist, Kinder erzeugen könne. Als nämlich Adam Eva zum erstenmal erblickte, war er ganz von Weisheit erfüllt, da er in ihr die Mutter seiner Kinder erkannte. Als aber Eva Adam ansah, schaute sie ihn so an, als blickte sie in den Himmel hinein und als richtete sie ihre Seele empor, die den Himmel ersehnt: war doch ihre Hoffnung auf den Mann gerichtet. Und darum wird eine einzige Liebe sein, und nur so sollte es sein in der Liebe zwischen Mann und Frau und nicht anders. Die Liebe des Mannes ist im Brand seiner Leidenschaft wie das Feuer brennender Berge, das kaum einzudämmen ist, die Liebe der Frau gleicht dagegen der Flamme in einem Holzstoß, die man leicht wieder auslöscht. Ihre Liebe ist dem Manne gegenüber wie die ausgeglichene Wärme der Sonnenglut, die fruchtbringend wirkt im Vergleich zu jener ungeheuerlich entfachten Flamme der brennenden Wälder. Deshalb vermag die Frau auf eine angenehmere Weise ihre Frucht auszutragen. Jene gewaltige Liebesglut aber, die in Adam aufkam, als Eva aus ihm hervorging, und die Süßigkeit jenes Schlafes, in welchen er damals gefallen war, ist durch sein Vergehen in eine Süßigkeit entgegengesetzter Natur verkehrt worden. Gleichwohl spürt auch jetzt noch der Mann jenen starken süßen Drang in sich, und wie sich der Hirsch nach der frischen Quelle sehnt, so eilt auch heute noch hurtig der Mann zum Weibe hin. Die Frau aber verhält sich ihm gegenüber mehr wie eine Getreidetenne, die von wuchtigen Schlägen erschüttert wird und die, so wie die Körner in ihr zerschlagen werden, sich tüchtig dabei erhitzt.[87]

Das Weib steht so lange unter der Dienstbarkeit des Mannes, bis sie zu einer Einheit werden; dabei deutet die Frau auf die Vereinigung des männlichen Samens mit dem weiblichen Blut hin, wodurch sie ein einziges Fleisch werden. Sobald der Samen des Mannes an seine Stelle fällt, nimmt das weibliche Blut diesen mit allem Verlangen seines Liebesvermögens auf und saugt ihn in sich hinein, gleichermaßen wie ein Atemzug etwas in sich hineinschlürft. Auf diese Weise vermischen sich weibliches Blut und männlicher Samen . . .

Wenn nun aber Mann und Frau solchermaßen ein Leib geworden sind, empfängt die Frau von diesem Manne leicht eine Frucht, vorausgesetzt, daß sie fruchtbar ist. Daß aber überhaupt ein Mann und eine Frau dermaßen eine einzige leibliche Substanz werden und sein können, hat seine Erklärung im Ursprung des Weibes, da es als Leib aus der leiblichen Seite des Mannes hervorgegangen war: nur deshalb können Mann und Frau beim Zeugungsakt in Blut und Schweiß dermaßen zu einem Einzigen zusammenfluten. Die Kraft der Ewigkeit aber, die das Kind aus dem Mutterleib herausleitet, macht auch Mann und Frau so zu einem Fleisch.[88]

Nachdem Eva und Adam gesündigt hatten, verloren sie allen Glanz, der sie wie ein Gewand umkleidet hatte. Darum erkannten sie, daß sie nackt waren, und bedeckten sich mit Blättern. Und auch die „Arbeit im Schweiße des Angesichts" erfolgt aus dem Leben in der Finsternis – Adam sieht von selbst, daß er nun arbeiten muß. Am Ende der Tage werden aber alle Menschen wieder mit dem Glanze des Paradieses bekleidet sein:

Damals, als Gott alle Kreaturen erschuf, erschien nur ein einziger Tag in ungebrochenem Licht, den noch keine Nacht unterbrochen hatte. Nachdem aber Adam gesündigt hatte, begann das Sein der Nacht, und alle Elemente wurden von großen Finsternissen überschattet, unter denen dann Adam in ebendiese Verbannung hinausgestoßen wurde. Als er dann wieder das Licht dieser Welt erblickte, freute er sich, weil er selbst jetzt dunkelartig war, und weinend rief er aus: „Auf andere Art und Weise muß ich jetzt mein Dasein fristen, als Gott es mir früher zu leben geschenkt hatte." Und so begann er im Schweiße seines Angesichtes zu arbeiten.

Bevor Adam und Eva das göttliche Gebot übertreten hatten, leuchteten sie wie das Strahlen der Sonne, deren Glanz sie wie ein Gewand umgab. Nach dem Übertreten des Gebotes strahlten sie nicht mehr wie zuvor, sondern wurden verdüstert und sind auch fürderhin in dieser Verdüsterung geblieben. Als sie sich nun nicht mehr so leuchtend fanden, wie sie früher erglänzten, erkannten sie, daß sie nackt waren, und bedeckten sich mit dem Blattwerk der Bäume, wie geschrieben steht (Gen. 3, 7). Wie aber Adam vor dem Fall sonnengleich erstrahlte, und zwar ohne sein Wirken, da er noch mit keinem Werke begonnen hatte, so werden am Ende der Zeiten wiederum alle Gerechten aufleuchten wie die Sonne, nach dem Schriftwort: Die Gerechten werden leuchten wie die Sonne im Reiche ihres Vaters (Matth. 13, 43).[89]

Christine de Pizan

Geradezu „feministisch" legt die mittelalterliche Schriftstellerin *Christine de Pizan* in ihrem umfangreichen Werk von der „Stadt der Frauen" (geschrieben um 1400) die Schöpfungsgeschichte aus:

Als Ihm Sein heiliger Wille eingab, auf dem Feld von Damaskus Adam aus Lehm zu formen, und Er es vollendet hatte, da führte Er ihn ins irdische Paradies, das der vornehmste Ort auf dieser Welt war und ist. Dort schlief Adam ein, und aus einer seiner Rippen formte Er den Körper der Frau; dies bedeutet, daß Er sie dazu bestimmte, ihm als seine Gefährtin zur Seite zu stehen – nicht jedoch dazu, als Sklavin zu seinen Füßen zu liegen –, und daß er sie lieben sollte wie sein eigenes Fleisch. Demzufolge war sich der allerhöchste Arbeiter nicht zu schade, den weiblichen Körper zu erschaffen und zu formen: und die Natur sollte sich dessen schämen? Wirklich, dies zu behaupten, ist die allergrößte aller Dummheiten! Ja, und nach welchem Vorbild wurde sie denn erschaffen? Ich weiß nicht, ob du es begreifst: sie wurde nach dem Bilde Gottes erschaffen. Oh! welcher Mund wagt es, etwas zu verunglimpfen, das eine so edle Prägung verrät? Aber wenn die Rede davon ist, daß Gott den Mann nach seinem Bilde geschaffen hat, so sind manche töricht genug zu glauben, dies bezöge sich auf den wirklichen Körper. Aber das stimmt nicht, denn Gott hatte in jener Zeit keine menschliche Gestalt angenommen: vielmehr ist darunter die Seele zu verstehen, die das oberste geistige Prinzip ist und, darin der Göttlichkeit gleich, alle Zeiten überdauern wird. Diese schuf Gott und versah den weiblichen Körper mit einer ebenso guten, edlen und in jeder Hinsicht gleichwertigen Seele wie den männlichen. Aber, um noch etwas zur Erschaffung des Körpers zu sagen, die Frau wurde also vom allerhöchsten Arbeiter erschaffen. Und an welchem Ort geschah dies? Im irdischen Paradies. Aus was? Handelte es sich um einen schlechten Stoff? Keineswegs, vielmehr aus dem edelsten Material, das jemals erschaffen wurde: Gott schuf sie aus dem Körper des Mannes."[90]

Und auch den Sündenfall deutet Christine positiv:

... dank der Frau thront der Mensch an Gottes Seite. Und wenn jemand vorbringen will, er sei wegen einer Frau, wegen Frau Eva, aus dem Paradies vertrieben worden, so sage ich, daß er dank der Jungfrau Maria eine weit höhere Stufe erreicht hat als den Zustand, den er durch Eva verlor, und zwar indem sich die Menschheit mit der Gottheit verbunden hat; dies wäre ohne Evas Missetat nie eingetroffen. Vielmehr sollte man

Mann und Frau wegen dieses Fehltritts loben, aus dem eine solche Ehre erwachsen ist. Denn so tief auch die menschliche Natur aufgrund ihres kreatürlichen Elements fiel, um so höher erhob sie der Schöpfer.[91]

Den Gedanken, daß am Ende der Schöpfung das vollkommenste geschaffen wird, nehmen andere Frauen später wieder auf, wie z. B. um 1600 *Lucretia Marinella* oder heute *Phyllis Trible*[92], bis hin zu dem geflügelten Wort „Als Gott den Mann schuf, übte sie bloß". In dieser Umwertung der Reihenfolge wird nicht nur die Erschaffung der Menschen – als erster der Mann, als zweite, als „Gehilfin" die Frau – gesehen, sondern die Erschaffung aller Dinge vom Niederen zum Höheren.

Mit diesen Textbeispielen möchte ich zeigen, daß Frauen die Schöpfungsgeschichte positiv für ihr Geschlecht deuten, selbst dann, wenn sie insgesamt der männlich geprägten Theologie ihrer Zeit nicht widersprechen. Auch für die Ordensfrau Hildegard von Bingen ist Sexualität nichts Schlechtes, und sie ist nicht primär mit der dazu verführenden Frau verbunden.

4. Martin Luther zu Genesis 2 und 3[93]

Die an der Figur der Eva festgemachte sexualfeindliche Haltung katholischer Theologie wurde von Martin Luther durchbrochen. Er beruft sich auf Genesis 2, um die Ehe als heiligen Stand wieder in die Rechte einzusetzen, die Gott ihr selbst durch die Schöpfungsordnung gegeben habe.[94] Mit seinen Vorstellungen zum Verhältnis von Männern und Frauen bezieht er sich aber auf die „Rollenverteilung" nach dem Sündenfall, wenngleich er der Meinung ist, daß die Frau davor gleichberechtigt gewesen sei.

Das Weib soll nicht ihres freien Willens leben, wie denn geschehen wäre, wo Eva nicht gesündigt, so hätte sie mit Adam dem Mann zugleich regiert und geherrscht als sein Mitgehilfe. Jetzt aber, nun sie gesündigt und den Mann verführt, hat sie das Regiment verloren und muß ohne den Mann nichts anfangen oder tun. Wo er ist, muß sie mit und sich vor ihm ducken als vor ihrem Herrn, den sie soll fürchten, untertan und gehorsam sein.[95]

In einer Traupredigt von 1525 beschreibt Luther die Aufgaben von Männern und Frauen entsprechend Genesis 3: Männer sollen danach arbeiten, ihr Brot im Schweiße ihres Angesichts essen. Ihre Aufgabe ist es, die Familie zu ernähren und nicht etwa faul zu sein oder das Vermögen ihrer Frauen zu verprassen. Der Mann wird definiert durch seinen Beruf, der ja keineswegs nur der eines Ackermanns sein muß.

… als daß der Mann nicht darf denken, daß er derhalben ein Weib genommen, daß er nun ledig, spazieren oder junkern gehen wolle. Oder daß das Weib ihn als einen Junker ernähren solle. Nein, sondern daß der Mann das Weib nicht anders als wie ein Vater sein Kind ernähren solle. Ja, sprichst du, womit? Das sollst du jetzt hören.
Denn so spricht Gott zu Adam, da er der Stimme des Weibes gefolgt hatte. Darum ists nicht gut, allwege dem Weib folgen.
„Im Schweiß deines Angesichts sollst du dein Brot essen …" Da hörst du, womit du dein Weib ernähren sollst, als daß du sollst in deine Hand spucken und dir sauer lassen werden und arbeiten, daß dir der Schweiß über die Nase läuft, das gehört dazu, lieber Geselle.
Nun heißt „im Schweiß des Angesichts dein Brot essen" nicht allein arbeiten mit den Händen, wie der Ackermann oder Bauer tut. Sondern es

heißt, daß ein jeglicher seinem Beruf nach fleissig lebe. Ist einer ein Akkermann oder Handwerker, Schneider oder Schuster, daß er das getreulich warte, nicht gehe zum Biere, lasse alles liegen, schlage sich auf den Abend mit der Frau, wenn er nicht mehr Geld zu verschlemmen hat, und verkaufe dem armen Weibe alle ihre Kleider und was sie hat. Nein, so soll es nicht heißen.[96]

Das ist nun das erste Stück, daß der Mann fleißig soll arbeiten, damit er sein Weib und Kinder ernähre. Denn von Arbeit stirbt kein Mensch, aber von ledig und müßig gehen kommen die Leute um Leib und Leben, denn der Mensch ist zur Arbeit geboren, wie der Vogel zum fliegen . . .[97]

Aufgabe der Frau ist es, mit Schmerzen Kinder zu gebären und dem Mann untertan zu sein:

Das ist eins, darin sich das Weib muß ergeben, zu dulden und zu tragen, daß sie schwanger wird.

Danach, wenn sie soll gebären, so kommt erst der rechte Jammer und Gefahr, daß das arme Weib auch mit großer Gefährlichkeit ihres Lebens in Angst und Not ihr Kind muß gebären und manche muß auch den Hals darüber lassen.[98]

Aber trotz aller mit Schwangerschaft und Geburt verbundenen Gefahren – Lebensgefahren –, darf sie sich dieser Aufgabe nicht entziehen, indem sie womöglich aus diesem Grunde gar nicht erst heiratet und allein leben will. Sie ist zum Leiden geboren und dient damit Gott:

Wenn nun solch Elend und Jammer die gottlose Welt sieht und hört, so richtet sie es nach ihrer Vernunft und Fühlen und sagt bald: darum ist es nicht besser, ohne Mann oder Weib geblieben, so ist man von dieser Not aller frei.

Aber Christen und christliche Weiber, die von unsers Herrn Gottes Wort wissen, die sagen viel anders und wenn sie gleich hören und erfahren diesen und anderen Jammer im Ehestande. Was tun sie? . . . darum trösten sie sich seines göttlichen, gnädigen Willens und sagen: das weiß ich, daß solche Schmerzen, Elend und Kümmernis von niemand herkommt denn von meinem frommen Gott, der mirs auferlegt hat, darum will ichs auch um seinetwillen gerne dulden und leiden, und wenn ich gleich darüber hingehen sollt.

Darum soll man die Weiber in Kindesnöten vermahnen . . . Denn etliche Frauen sorgen mehr für sich, wie sie mit dem Leben davon kommen, denn für das Kind, als sie sich vor dem Tod fürchten und die Schmerzen gern übergehen wollen, das ist nicht recht oder christlich.[99]

Neben ihrer Aufgabe, Kinder zu gebären, hat sie dem Mann untertan zu sein:

Das ist nun das andere Stück, was das Weib im Ehestande tun soll, als daß sie ihrem Mann untertänig und gehorsam sein soll, ohne seinen Willen nichts anfangen oder tun.[100]

Gleichzeitig werden die Männer aber ermahnt, daß sie ihre Frauen mit Liebe regieren sollen, nicht mit Knüppeln:

Also soll man auch die Weiber regieren, nicht mit großen Knütteln, Flegeln oder ausgezogenem Messer, sondern mit freundlichen Worten, freundlichen Gebärden und aller Sanftmut, damit sie nicht ... erschrekken und hernach nicht wissen, was sie tun sollen. Darum muß man die Weiber mit Vernunft und nicht mit Unvernunft regieren und dem weiblichen Geschlecht als dem schwächsten Werkzeuge seine Ehre geben auch als Miterben der Gnade des Lebens ...[101]

Männer sollen ihre Frauen lieben, sagt Luther unter Hinweis auf Eph 5 und auf Gen 2,21:

Daß er sie nicht soll achten als wäre sie ein Fußlappen, wie sie denn auch nicht aus einem Fuß geschaffen ist, sondern aus des Mannes Rippe mitten im Leib, daß sie der Mann nicht anders soll halten, als sei sie sein eigen Leib und Fleisch ...[102]

5. Auslegung im 16. und 17. Jahrhundert

Die Frauenfeindlichkeit in ihrer Verbindung von Frau – Sexualität – Tod gipfelt in den Ausführungen der beiden Dominikaner *Institoris* und *Sprenger* in ihrem „Hexenhammer" von 1487. Selbstverständlich leiten sie die Schlechtigkeit und Gefährlichkeit der Frauen, die sie fast notwendig zu Hexen macht, von Eva ab. Sie begründen im ersten Teil ihres Buches, warum besonders Frauen zu Hexen werden, und belegen dies mit Bibelstellen, vorzugsweise aus der Weisheitsliteratur – Prediger und Jesus Sirach –, die sie teilweise entstellt zitieren. Jesus Sirach ist eine apokryphe alttestamentliche Schrift, die in der Hebräischen Bibel nicht enthalten ist. Die griechische Übersetzung, die Septuaginta, enthielt dies relativ spät geschriebene Buch neben anderen apokryphen Schriften. Jesus Sirach ist ein frauenfeindlicher Text, der gern zur Diffamierung von Frauen benutzt wurde, wobei Genesis 3 und Sirach, Kap. 25,25 „Alle Bosheit ist gering gegen der Weiber Bosheit, es geschehe ihr, was den Gottlosen geschieht" und V.32 „Die Sünde kommt her von einem Weibe und ihretwillen müssen wir alle sterben" zusammengezogen werden. Dies geschieht nicht nur im Hexenhammer, sondern auch noch spaterhin.

In bezug auf Genesis 2 und 3 bemerken die Autoren des Hexenhammers:

Denn mögen auch die Schriften im Alten Testament von den Weibern meist Schlechtes erzählen, und zwar wegen der ersten Sünderin, nämlich Eva und ihrer Nachahmerinnen, so ist doch wegen der späteren Veränderung des Wortes, nämlich *Eva* in *Ave*, im Neuen Testamente und weil, wie *Hieronymus* sagt: „Alles, was der Fluch der Eva Böses gebracht, hat der Segen der Maria hinweggenommen" – daher über sie sehr vieles, und zwar immer Lobenswertes zu predigen. Aber weil noch in den jetzigen Zeiten jene Ruchlosigkeit mehr unter den Weibern als unter den Männern sich findet, wie die Erfahrung selbst lehrt, können wir bei genauerer Prüfung der Ursache über das Vorausgeschickte hinaus sagen, daß, da sie in allen Kräften, der Seele wie des Leibes, mangelhaft sind, es kein Wunder ist, wenn sie gegen die, mit denen sie wetteifern, mehr Schandtaten geschehen lassen. Denn was den Verstand betrifft, oder das Verstehen des Geistigen, scheinen sie von anderer Art zu sein als die Männer, worauf Autoritäten, ein Grund und verschiedene Beispiele in der Schrift hindeuten.

Der Grund ist ein von der Natur entnommener: weil es fleischlicher gesinnt ist als der Mann, wie es aus den vielen fleischlichen Unflätereien ersichtlich ist. Diese Mängel werden auch gekennzeichnet bei der Schaffung des ersten Weibes, indem sie aus einer krummen Rippe geformt wurde, d. h. aus einer Brustrippe, die gekrümmt und gleichsam dem Mann entgegen geneigt ist. Aus diesem Mangel geht auch hervor, daß, da das Weib nur ein unvollkommenes Tier ist, es immer täuscht.

Es erhellt auch bezüglich des ersten Weibes, daß sie von Natur geringeren Glauben haben; denn sie sagte der Schlange auf ihre Frage, warum sie nicht von jedem Baume des Paradieses äßen: „Wir essen von jedem, nur nicht etc., damit wir nicht *etwa* sterben", wobei sie zeigt, daß sie zweifle und keinen Glauben habe an die Worte Gottes, was alles auch die Etymologie des Wortes sagt: das Wort *femina* nämlich kommt von *fe* und *minus* (fe = fides, Glaube, minus = weniger, also femina = die weniger Glauben hat), weil sie immer geringeren Glauben hat und bewahrt, und zwar aus ihrer natürlichen Anlage zur Leichtgläubigkeit, mag auch infolge der Gnade zugleich und der Natur, der Glaube in der hochgebenedeieten Jungfrau niemals gewankt haben, während er doch in allen Männern zur Zeit des Leidens Christi gewankt hatte.

Also schlecht ist das Weib von Natur, da es schneller am Glauben zweifelt, auch schneller den Glauben ableugnet, was die Grundlage für die Hexerei ist.

Und wie sie aus dem ersten Mangel, dem des Verstandes, leichter als Männer den Glauben ableugnen, so suchen, ersinnen und vollführen sie infolge des zweiten Punktes, der außergewöhnlichen Affekte und Leidenschaften, verschiedene Rache [, sei es durch Hexerei, sei es durch irgendwelche andern Mittel]. Daher ist es kein Wunder, daß es eine solche Menge Hexen in diesem Geschlechte gibt.

Was außerdem ihren Mangel an memorativer Kraft anlangt, da es in ihnen ein Laster von Natur ist, sich nicht regieren zu lassen, sondern ihren Eingebungen zu folgen, ohne irgendwelche Rücksicht, so strebt sie danach und disponiert alles im Gedächtnis.

Hören wir noch von einer anderen Eigenschaft: der Stimme. Wie nämlich die Frau von Natur lügnerisch ist, so auch beim Sprechen. Denn sie sticht und ergötzt zugleich: daher wird auch ihre Stimme dem Gesange der Sirenen verglichen, welche durch ihre süße Melodie die Vorübersegelnden anlocken und dann töten.

So ist das Weib, von dem der *Prediger 7* spricht und über das jetzt die Kirche jammert wegen der ungeheuren Menge der Hexen: „Ich fand das

Weib bitterer als den Tod; sie ist eine Schlinge des Jägers; ein Netz ist ihr Herz; Fesseln sind ihre Hände; wer Gott gefällt, wird sie fliehen; wer aber ein Sünder ist, wird von ihr gefangen werden." Es ist bitterer als der Tod, d. h. der Teufel. *Apokalypse 6:* Ihr Name ist Tod. Denn mag auch der Teufel Eva zur Sünde verführt haben, so hat doch Eva Adam verleitet. Und wie die Sünde der Eva uns weder leiblichen noch seelischen Tod gebracht hätte, wenn nicht in Adam die Schuld gefolgt wäre, wozu Eva und nicht der Teufel ihn verleitete, deshalb ist sie bitterer als der Tod.

Nochmals bitterer als der Tod, weil dieser natürlich ist und nur den Leib vernichtet; aber die Sünde, vom Weibe begonnen, tötet die Seele durch Beraubung der Gnade und ebenso den Leib zur Strafe der Sünde.

Nochmals bitterer als der Tod, weil der Tod des Körpers ein offner, schrecklicher Feind ist; das Weib aber ein heimlicher, schmeichelnder Feind. – Und daher heißt man sie nicht mehr eine bittere und gefährlichere Schlinge der Jäger, als vielmehr der Dämonen, weil die Menschen nicht bloß gefangen werden durch fleischliche Lüste, wenn sie sehen und hören…[103]

Wir sehen: Die Frau ist unvollkommen (vgl. Thomas von Aquin), weil sie aus der Rippe geschaffen ist, sie hat geringeren Glauben, was mit einer haarsträubenden Ethymologie „bewiesen" wird. Außerdem mangelt es ihr an Verstand, und sie will sich nicht regieren lassen. Durch Verführung ihres Mannes bringt sie nicht nur den leiblichen Tod in die Welt, sondern tötet auch die Seele; darum sind Frauen „bitterer" als der Tod. Institoris und Sprenger „beweisen" damit, daß Frauen *von Natur aus* zu Übeltaten neigen und damit beinah automatisch zu Hexen werden müssen, auch wenn es einige sehr wenige löbliche Ausnahmen gibt, wie z. B. die Jungfrau Maria.

Der Hexenhammer wurde von 1487 an in den nächsten zwei Jahrhunderten 29mal aufgelegt, Millionen Frauen als Hexen angeklagt und umgebracht – die Sexualangst und -feindlichkeit katholischer Geistlicher feierte mit diesem Machwerk zweier Dominikaner düstere Triumphe.

Die Erfindung des Buchdrucks mit beweglichen Lettern ermöglichte die Verbreitung dieses Werkes – sie ermöglichte aber gleichzeitig die Verbreitung von Bibeln, wissenschaftlichen Büchern, Streitschriften u. a. Auch Frauen konnten sich als Laiinnen eine umfassende Bildung aneignen – zumindest eine breitere Schicht bürgerlicher Frauen, als dies im Mittelalter mit seiner im wesentlichen auf die Ordensfrauen beschränkten Bildung möglich gewesen war.

Anfang 1600 schrieb *Lucretia Marinella* über die Würde der Frauen und die Mängel der Männer. Sie nimmt den schon früher formulierten Gedanken von der Frau als des gelungeneren Geschöpfes auf:

... denn da die Frau aus der Rippe des Mannes, der Mann aber aus Lehm und Erde gemacht ist, so ist sie sicherlich hervorragender als der Mann; ist doch die Rippe unvergleichlich edler als der Lehm. Fügen wir hinzu, daß sie im Paradies, der Mann außerhalb davon geschaffen wurde. Wie scheint es euch: sind nicht die Ursachen, von denen die Frauen abhängen, edler als jene der Männer? Und daß die weibliche Natur weit wertvoller und edler als die der Männer ist, beweist auch ihre Entstehung, denn da die Frau nach dem Mann entstanden ist, ist es notwendig, daß sie auch hervorragender ist als er, so wie die weisen Schriftsteller sagen, daß die zuletzt entstandenen Dinge edler seien als die ersten.[104]

Und schließlich argumentiert sie gegen die Vorstellung von der Frau als Verführerin und Sünderin mit dem Text selbst. Ihr war aufgefallen, daß das Verbot Gottes ja nur an Adam gerichtet war, und daß der Text selbst auch keinen Hinweis auf „Verführung" enthielt. Zu dieser Zeit stand der volle Wortlaut biblischer Texte ja auch weit mehr Menschen zur Verfügung; in früheren Zeiten hatten viele – vor allem auch Frauen – nur die entsprechend der katholischen Theologie ausgewählten Textstücke zur Kenntnis nehmen können.

Zum Schluß muß ich noch auf die leichtfertigsten Argumente einiger Männer eingehen. Hauptsächlich führen sie an, Eva sei die Ursache für die Sünde Adams und folglich für unseren Fall und unser Elend gewesen. Ich antworte, daß Eva den Adam auf keine Weise zur Sünde brachte, sondern ich glaube, daß sie ihm vielmehr einfach vorschlug, von der verbotenen Frucht zu essen. Doch liest man nicht in der Bibel, daß sie ihn mit Bitten, Klagen oder zornigen Worten dazu antrieb, vielmehr glaube ich, sie brachte ihn auf dem Wege des guten Rates dahin, es sei gut, von dieser edlen Frucht zu essen. Denn dadurch würden sie über alles Maß hinaus groß und vortrefflich. Doch wußte sie nicht, daß davon zu essen Sünde war, und ebensowenig erkannte sie, daß die Schlange, welche ihr diese Größe versprach, der Teufel war ... Wenn sie ihn also nicht erkannte und von Gott keinen Befehl hatte, nicht davon zu essen, wie können wir dann sagen, daß sie sündigte? Denn die Sünde setzt ja eine vorangehende Erkenntnis voraus. Wohl aber sündigte Adam, der das Gebot Gottes überschritt, der ihm zuvor angezeigt hatte, er dürfe nicht davon essen. Und daß es sich um die Sünde Adams handelte, zeigt klar die ihm verhängte Strafe ..., denn daraufhin befahl das alte Gesetz die Beschneidung der Männer wegen des begangenen Irrtums. Deshalb hängt die Erbsünde mehr vom Mann als von der Frau ab. Dies zeigt Gott selbst, der ruft: „Adam, wo bist du?" Er rief nicht Eva, sondern ihn, um ihn wegen des begangenen Irrtums zu tadeln – offenbar ein Zeichen, daß er es war, der die Sünde begangen hatte, nicht die Frau. Und wenn sie die Ursache dafür war, dann aus Unwissenheit, nicht wissend, daß sie sündigte; aber der Mann sündigte aus sicherer und gewisser Kenntnis. Und wenn es so ist ..., dann kann ich keinen Grund finden, weshalb die Männer der Frau den Grund unseres Elends zuschreiben – außer wenn ich sage, daß sie sich wie blinde Eulen vor der leuchtenden Sonne der Wahrheit verhalten.[105]

In dem Maße, wie Frauen sich auf sehr viel breiterer Basis Bildung und Wissen aneignen konnten, als dies noch im Mittelalter der Fall war (dort blieb Frauenbildung im wesentlichen auf die Klöster beschränkt), mußte die „Strategie der Abschreckung" eine andere werden. Nachdem seit der Reformation die Vorstellung von der Gefährlichkeit der Frau als Geschlechtswesen zumindest etwas gebrochen war – die Hexenverfolgungen zeigen, daß es diese Vorstellung dennoch in schrecklichem Maße weiterhin gab –, wurde die antifeministische Debatte auch auf einer anderen Ebene geführt. „Man" beschäftigte sich mit der Frauengelehrsamkeit und versuchte Frauen die Fähigkeit dazu abzusprechen, wieder unter Hinweis auf Genesis 2 und 3, teilweise auch auf Genesis 1. Beide Schöpfungsberichte wurden als ein fortlaufender Text gelesen, zumindest bis zum Ende des 18. Jahrhunderts, als die historisch-kritische Forschung begann. Helen Schüngel-Straumann[106] untersucht und zitiert einige dieser Texte. Sie stellt dabei fest, daß sich katholische und evangelische Gelehrte des 17. und frühen 18. Jahrhunderts darin einig sind, der Frau Verstand und Gelehrsamkeit abzusprechen, auch wenn die Argumentation teilweise unterschiedlich läuft. Stichworte sind wieder einmal die „Gehilfin" und der Strafspruch über Mann und Frau:

Ihre Mitgehülffschaft macht aber kein Gleichheit am Verstande mit dem männlichen Geschlecht. Denn ein Gehülffe ist nicht nothwendig dem Werckmeister gleichlich; massen ein Beil nicht seinem Zimmermann / eine Nadel dem Schneider etc. gleichet.[107]

Merkwürdigerweise wird aus der Strafe Adams geschlossen, er habe dadurch etwas von seiner Vernunft eingebüßt, die nun durch „Schweiß" – auch den der Gelehrten – ersetzt werden müsse.

... ist dem Weib hierdurch am Verstand nichts benommen / sondern sie dißfalls gelassen / wie Sie von Gott erschaffen worden ist.
Ist nun dem Adam die Schweiß bringende Ernehrung seiner und der Seinigen von Gott zu Buß aufferlegt worden / so muß er dann am Verstand was verlohren haben / so anjetzo durch diesen Schweiß ersetzet wird / und er vor dem Fall unnöthig gehabt hätte / wann es anderster ein Straffe seyn und heissen soll?[108]

Die Frau aber – zum Kindergebären bestimmt – hat Verstand gar nicht nötig gehabt, und von daher ist es sinnlos und unnötig, wenn Frauen jetzt den Versuch machten, sich wissenschaftlich zu betätigen.
Die eben zitierten Texte sind katholischer Herkunft. Der evangelische Rechtsgelehrte *Thomasius* begründet (1671–1676) die geistige Überlegenheit des Mannes über die Frau mit der gottgegebenen Macht über sie – der Mächtige muß gleichzeitig der Begabtere sein:

Soweit sie Frauen sind, sind sie der rechtlichen Stellung ihres Geschlechts entsprechend von Natur der Macht (imperium) des Mannes unterworfen. Die Vernunft, die dem Schöpfer ohne Zweifel als Gesetz diente, fordert nämlich das Übergewicht an Begabung bei dem, der befiehlt, was auch für den Zustand der Integrität vor dem Sündenfall gilt...[109]

6. Zwanzigstes Jahrhundert: Karl Barth

Protestantische Theologie wird sich danach nur noch selten frauen- und sexualfeindlich zeigen – jedenfalls nicht offen. Bestimmend bleibt die *„Schöpfungsordnung"*. Eigentlich wird damit eine „Ordnung" festgeklopft, die eher eine „Sündenfallsordnung" ist, die aber statisch weitergeschrieben wird. Vor allem in Dogmatik und Ethik beziehen sich Theologen auf die Schöpfungsordnung und sehen das Verhältnis von Mann und Frau (immer in dieser Reihenfolge) entsprechend der „klassischen" Rollenzuweisung als göttliche „Ordnung" an. Dabei handelt es sich keineswegs nur um „konservative" Theologen im politischen Sinne. Als Beispiel wähle ich *Karl Barth*. In seiner Kirchlichen Dogmatik spricht er von einer „Nachordnung" der Frau, die eigentlich eine „Unterordnung" ist – wie überhaupt die Vokabel „Ordnung" eine herausragende Rolle spielt. Er bezieht sich ausdrücklich auf die Erschaffung der Menschen – also *vor* dem Sündenfall, um den Vorrang des Mannes zu beweisen.

Auch daß das Verhältnis beider nicht einfach reziprok und gleichmäßig ist, daß der Mann nicht von der Frau, sondern die Frau vom Manne genommen, daß er nicht primär zu ihr, sondern sie primär zu ihm und nur insofern, nur sekundär dann auch er zu ihr gehört – auch das darf nicht falsch ausgelegt werden. Auch die Suprematie des Mannes ist eine Sache der Ordnung und nicht eine Sache des Wertes, der Würde, der Ehre. Auch sie bezeichnet keine höhere Menschlichkeit des Mannes. Auch ihre Anerkennung kann der Frau keine Schande bereiten, bedeutet vielmehr die Anerkennung ihrer Herrlichkeit, die in bestimmter, entscheidender Hinsicht sogar größer ist als die des Mannes...

Sie wählt nicht; sie ist nur erwählt. Sie hat sich nicht zwischen den Tieren und dem Mann zu entscheiden. Sie ist ja nicht wie der Mann und wie die Tiere von der Erde, sie ist „vom Manne genommen". Gerade weil sie als solche gewissermaßen von Haus aus menschlich, weil sie des Mannes Ehre, die Vollendung seiner Menschlichkeit ist, ist es für sie nicht problematisch, sondern selbstverständlich, für den Mann bestimmt, in ihrer ganzen Existenz zum Manne hin zu sein. Sie hat also ihre Menschlichkeit nicht erst unter Beweis zu stellen, in besonderer Erkenntnis und mit besonderem Bekenntnis zu bestätigen. Sie bedarf keiner weiteren

Vollendung zu ihrer Menschlichkeit, indem sie selbst die Vollendung der seinigen ist. Ihr Ja in dieser Sache ist vorweggenommen in dem des Mannes...[110]

Indem der Mann sie erwählt, hat sie auch ihn erwählt. Denn indem Gott sie aus dem Mann und für den Mann geschaffen hat, wie es der Mann durch seine Wahl und durch seine Erklärung bestätigen muß, *ist* sie es auch, und zwar ohne daß ein Wählen und eine Erklärung ihrerseits in Frage käme. Sie wäre nicht die Frau, wenn sie auch nur eine andere Möglichkeit hätte als die, die „Hilfe" zu sein, „die ihm ein Gegenüber sei". Sie wählt das, wozu Gott sie erwählt hat, sie wählt also sich selbst, wenn sie ihrerseits alles Wählen *unterläßt* und sich, umgeben und getragen von der freudigen Erwählung des Mannes, darein findet, *seine* Erwählte zu *sein*.[111]

Dies stammt aus Barths Interpretation der Schöpfungsgeschichte. Daraus folgert er später zum Verhältnis von Mann und Frau den Vorrang des Mannes, in immer neuen Wendungen, manchmal wieder halb zurückgenommen – Herrschaft darf nicht unterdrückerisch sein –, aber dennoch immer wieder betont. Im Grunde finden wir die alte Formel vom Liebespatriarchat, die immer in der Kirchengeschichte bemüht worden ist, um Frauen ihre Unterordnung schmackhaft zu machen. Denn mit dem Pochen auf „Rechten" oder auf Emanzipation ist die Frau auf dem falschen Wege, selbst einem tyrannischen Mann gegenüber. Den kann sie von seiner Herrschsucht nur durch „Bescheidung" abbringen.

Im Gehorsam gegen Gottes Gebot lebt der Mann in der *Zuordnung,* der *Zugehörigkeit,* der *Zuwendung* zur Frau und so die Frau in der *Zuordnung, Zugehörigkeit* und *Zuwendung* zum Manne...[112]

... die Konjunktion von Mann und Frau, ihrer beider geschlechtliche Selbständigkeit und ihre geschlechtliche Ausrichtung aufeinander steht unter einer bestimmten *Ordnung*. Wie die Stellung und Funktion des Mannes und die der Frau nicht zu vertauschen und zu vermischen, sondern auf beiden Seiten in Treue zu bewahren – und wie sie andererseits nicht zu trennen, nicht gegeneinander auszuspielen, sondern in ihrer gegenseitigen Bezogenheit zu verstehen und zu realisieren sind, so sind sie einander auch nicht einfach gleichzusetzen, ist ihr Verhältnis also auch nicht umzukehren. Sie stehen nämlich in einer Folge.[113]

A geht *vor* B, B kommt *nach* A. Ordnung heißt Folge. Ordnung heißt *Vorordnung* und *Nachordnung, Überordnung* und *Unterordnung.* Damit haben wir die gefährlichsten Worte ausgesprochen, die zur Bezeichnung dessen, um was es im Sein und Zusammensein von Mann und Frau geht, unvermeidlich sind. Setzen wir die nötigste Erklärung sofort an die Spitze. Folge und also Vorordnung und Nachordnung, Überordnung und Unterordnung schafft, wenn es um Gottes, des Schöpfers hier aufgerichtete und gültige Ordnung geht, keine innere Ungleichheit zwischen denen, die in dieser Folge stehen, die dieser Ordnung unterworfen sind. Sie macht wohl ihre Ungleichheit sichtbar. Sie tut es aber nicht, ohne sofort ihre Gleichheit zu bestätigen. Sofern sie *Unterwerfung,* sofern sie *Gehorsam* verlangt, betrifft sie ja in gleicher Weise alle, die sie angeht. Sie gibt keinem ein Vorrecht, sie tut also auch keinem Unrecht. Sie nimmt alle in Pflicht, sie gibt aber auch allen ihr Recht. Sie enthält keinem eine Ehre vor, aber sie gibt einem Jeden die seinige.

Der *Mann* hat also vor der Frau damit gar nichts voraus, es verleiht ihm keinerlei Vorsprung und Vorteil, er wird dadurch mit keinerlei Eigenruhm bekleidet, daß er in der Ordnung nun eben der Mann und also A, relativ zur Frau, vor und über ihr ist. Die Ordnung weist ihm ja damit nur seinen Ort an, den er, wenn er es im Gehorsam tut, nur in Demut und – sachlich beschrieben – gerade nur damit einnehmen kann, daß er der Frau in der Zuordnung, Zugehörigkeit und Zuwendung zu ihr vorangeht, daß er in diesem ihm und ihr gemeinsamen Sein und Tun Anreger, Führer, Erwecker ist, die Initiative ergreift. Nicht für sich, geschweige denn gegen sie, nicht, indem er sich erhebt, geschweige denn, daß er sich über sie erhebt und sie erniedrigt, sondern, indem er sich selbst – nämlich im Gehorsam gegen das sie und ihn angehende Gebot – erniedrigt, indem er zuerst aus der geschlechtlichen Selbstgenügsamkeit heraustritt, zuerst mit seiner Ausrichtung auf die Frau ernst macht, zuerst die Gemeinschaft mit ihr aufnimmt, indem er sich also zuerst beugt unter das ihm und der Frau gemeinsam gegebene Gesetz der Menschlichkeit als Mitmenschlichkeit. Nur indem er sie als Mitmensch bejaht, nur mit ihr *zusammen* kann er im *Verhältnis* zu ihr der Erste sein – der Erste in der Folge, der für sich nichts wäre, wenn nicht in derselben Folge die Frau nachkäme, auch die Frau nun eben ihren Ort hätte und einnähme. Die anders, die nicht als Primat des *Dienstes* verstandene Vor- und Überordnung des Mannes wäre auf keinen Fall die göttliche Ordnung, sondern nur eine besondere Gestalt der menschlichen Unordnung.[114]

Um Zuordnung, Zugehörigkeit und Zuwendung geht es auch für sie – und nun eben für sie darum, der vom Mann in dieser Hinsicht zu ergreifenden Initiative Folge zu leisten. Das ist wahrlich kein Geringeres. Recht eigentlich die Sache der *Frau,* ihre Aufgabe und Funktion, ist die

Verwirklichung der Menschlichkeit, in der ihr Mann doch nur anregend, führend, erweckend vorangehen kann. Wie könnte sie sie allein, wie ohne jenen Vortritt des Mannes, wie könnte sie sie für sich oder gar gegen ihn verwirklichen? Wie könnte sie also auf seinen Vortritt, auf seine Aufgabe und Funktion als Anreger, Führer, Erwecker verzichten oder neidisch sein? Sie müßte nicht Frau sein wollen, wenn sie ihn darin verdrängen und ersetzen, wenn sie es ihm darin einfach gleichtun wollte.[115]

Die mündige Frau ist als solche die *sich bescheidende Frau:* nicht dem Mann, aber der Ordnung gegenüber sich bescheidend auf die Einnahme und Behauptung *ihres* Ortes. Sie weiß, daß es zwischen Mann und Frau um keine Anmaßungen und darum um keinen Machtkampf gehen kann, sondern nur um den Wettstreit im rechten Begehen des Beiden gemeinsamen, aber Beiden besonders gewiesenen Weges. Sie mißt sich also wohl am Manne, sie wird aber ihren Ort und ihr Recht nicht an dem seinigen messen. Sie läßt sich von ihm wohl fragen: aber nicht danach, ob seine Stellung und Funktion nicht ebenso gut die ihrige sein könnte, sondern danach, ob sie ihrer *eigenen* Stellung und Funktion gerecht werde. Sie ist wohl auf ihn ausgerichtet, aber nicht in der Absicht, es ihm gleich, sondern in der Absicht, im Zusammensein mit ihm das *Ihrige* zu tun. Gerade in dieser Bescheidung liegt keinerlei Verzicht der Frau. Gerade in ihr behauptet sie vielmehr ihre Selbständigkeit, beweist sie sich als Meister, erweist sie sich als dem Manne ebenbürtig. Kein Schatten von Betrübnis und Resignation und darum auch kein Funken von Rebellion kann da übrig bleiben: und das im Grunde wirklich auch nicht dem tyrannischen, dem schwachen Mann gegenüber. Eben die mündige und also die sich bescheidende Frau wird dem fehlbaren Mann gegenüber nicht nur in sich selbst ruhend ihrer Sache sicher, sondern auch ihres Auftrages und ihres Zeugnisses ihm gegenüber sich bewußt sein. Sie ist – und nun wenden wir das Blatt noch einmal – ob mit oder ohne Erfolg, in ihrer Existenz der Appell an den *gütigen Mann.*[116]

Dies schreibt Barth unter der Überschrift „Freiheit in der Gemeinschaft". Und ich denke, es ist noch immer das Modell für Frauen in der evangelischen Kirche. Die Zauberformel „Zuordnung" verdeckt, daß es sich eigentlich um eine Unterordnung handelt. Noch immer fühlen sich die meisten Frauen ihren Männern „zugeordnet". Wenn sie z.B. „mitarbeiten" als Teilzeitbeschäftigte, ordnen sie sich den Interessen des Ehemannes bezüglich beruflicher Arbeit zumindest „nach". Seine Arbeit hat Vorrang, seine Termine sind immer wichtiger als ihre, sie richtet ihren Zeitplan nach dem seinen aus, in der Regel jedenfalls. Sie ist als Sekretärin, Gemeindehelferin oder Pfarrgehilfin die zugeordnete „Gehilfin", selbst wenn dieses Bild sich zunehmend durch gleichberechtigte Pfarrerinnen verändert.

7. Genesis-Kommentare der Gegenwart
ausgewählte Beispiele

Wenn wir die gegenwärtigen Standardwerke zu Genesis 2 und 3 ansehen, finden wir bestimmte Vor-Urteile dort wieder, die eigentlich überholt sein sollten. Am deutlichsten zeigen sie sich bei *Gerhard von Rad,* dessen Kommentar zur Genesis 1981 in 11. Auflage erschienen ist[117] und der sicher zu den vielbenutzten gehört. Aber auch *Claus Westermann* und *Frank Crüsemann* lassen wichtige Details aus oder interpretieren sie säkular, um den hinter Genesis 2 und 3 liegenden Mythos nicht genauer erforschen zu müssen.

Nun ist es ja sicher ihr gutes Recht, sich auf die Endredaktion des vorliegenden Textes zu beziehen, aber es wäre doch denkbar, die Hintergründe – vielleicht die Abwehr mächtiger Mythen – mit mehr als nur einem kurzen Satz zu streifen.

Typisch ist hier vor allem die Deutung der *Schlange:* Sie ist ein Geschöpf Gottes, eben ein besonders gefährliches Tier, das allgemein als bedrohlich erlebt wurde[118], niemals als der (böse) Gegenspieler Satan[119] und schon gar nicht als eine viel ältere mythische Macht. Denn „es geht allein um den Menschen und seine Schuld"[120] oder: „Für die Herkunft des Bösen gibt es keine Ätiologie."[121]

Hieraus spricht die sicher sehr richtige und notwendige Einsicht, daß Menschen für gute und böse Taten selbst verantwortlich sind und nicht den oder das Böse außerhalb als außerpersonale Macht definieren dürfen, um sich selbst aus der Verantwortung zu stehlen. Wenn aber Westermann in diesem Zusammenhang zwar erwähnt, daß in neuen Auslegungen die Schlange als Symbol für Leben, Weisheit und für kanaanäische Fruchtbarkeitskulte steht, dies aber gleichzeitig abweist, denn:

Bei dieser Deutung ist nicht beachtet, daß das Urgeschehen von der Menschheit spricht und eine Scheidung in Völker und Religionen noch nicht voraussetzt; eine Polemik gegen den kanaanäischen Fruchtbarkeitskult wäre hier ganz fehl am Platz. Auch ist der Zug, daß die Schlange redet, ein vormythischer Zug[122] so halte ich dies für zumindest einäugig. Zwar ist vom „Urgeschehen der Menschheit" die Rede, aber die Schreiber des Textes lebten selbst aus der Erfahrung vom Nebeneinander verschiedener Völker und Religionen. Diese werden ja auch in Genesis 4 bei der Vertreibung Kains vorausgesetzt. Und selbstverständlich hatten die Redaktoren am Hofe Salomos Interessen, wenn sie einen vorhandenen Mythos oder einzelne Elemente aus diesem polemisch umformten: Sie hatten gegen diese Kulte zu kämpfen! Und übrigens – vielleicht ohne es zu merken – widerspricht Westermann sich selbst. Er macht darauf aufmerksam, daß die Schlange *verflucht* wird – im Gegensatz zu den Menschen – und daß der Fluch magischem Denken entspringe.[123] Das weist eigentlich darauf hin, daß die Schlange eben doch ein magisches Wesen war, das nur mit einer Verfluchung wirksam bekämpft werden konnte.

Weiter können wir Vor-Urteile an der Auseinandersetzung mit dem Namen „Eva" ablesen. Zwar wird festgestellt, daß Adam seine Frau so – „Mutter alles Lebendigen" – benennt, bevor noch an Schwangerschaft und Geburt zu denken ist, aber nach v. Rad liest sich das so:

„Mutter aller Lebenden" ist doch ein Ehrenname; setzt er nicht außerdem voraus, daß sie schon geboren hat? Auch das aramäische Wort *chewja* – „Schlange" hat zu der Vermutung geführt, daß der Erzählung einmal eine andere, ältere Gestalt zugrunde liege, in der nur zwei Partner handelnd auftraten: Der Mensch und eine (chthonische?) Schlangengottheit. Indessen, greifbar ist derlei nicht. Mag dieser Vers ursprünglich aus anderen Zusammenhängen stammen und hier eine Nahtstelle erkennbar sein, man muß ihn nun doch an seinem jetzigen Ort zu verstehen suchen. Es ist kaum zweifelhaft, daß der Erzähler das ḥawwa (Eva) aufs engste mit dem hebräischen Wort ḥaj, ḥajja = Leben zusammenrückt. In dieser Benennung des Weibes durch den Mann ist wohl ein Glaubensakt zu sehen, freilich nicht ein Glaube an Verheißungen, die in den Strafworten verhüllt verborgen seien, sondern ein Ergreifen des Lebens, das als ein großes Wunder und Geheimnis von der Mutterschaft des Weibes über Mühsal und Tod hinübergetragen und erhalten wird.[124]

Nachdem er eigens auf den etymologischen Zusammenhang von *Chawah* und *chewja* hinweist, dann aber eben nicht „die

Göttin" in Zusammenhang mit der Schlange bringt, sondern „den Menschen", tut er das ganze als „nicht greifbar" ab und interpretiert die Benennung als „Glaubensakt" des Mannes. Westermann möchte die Benennung eigentlich gleich an „logisch richtiger Stelle" setzen:

Der Mann gibt seiner Frau den Namen Chawwa (Eva), und der Name wird erklärt: Mutter alles Lebendigen. Ursprünglich gehörte dieser Satz wohl in den Zusammenhang der Geburt des ersten Kindes; er ist hierher gesetzt, damit zum Ausdruck kommen kann: Trotz des Ungehorsams der Menschen und dessen Bestrafung bleibt doch der dem Geschöpf mitgegebene Segen unversehrt erhalten; die Frau erhält den Namen „Leben", und aus diesem Namen spricht die Würde der Frau und die Freude der Mutter.[125]

Mit Betonung wird immer wieder gesagt, daß es sich bei der Erzählung – beileibe kein Mythos![126] – um eine ätiologische handelt und nicht um eine legitimatorische.* Dies erscheint mir schon für die Zeit der Abfassung des Textes zweifelhaft: Sollten die Redaktoren im Umkreis von König Salomo nicht das Interesse gehabt haben, Herrschaft (auch des Mannes über die Frau) nicht nur zu erklären, sondern auch festzuschreiben? Und die Wirkungsgeschichte bleibt bei dieser Betrachtung völlig ausgeklammert, nämlich eben die Tatsache, daß diese Erzählung durch die Kirchengeschichte bis heute immer wieder dazu benutzt wurde, Minderwertigkeit, Zweitrangigkeit und Untertan-Sein zusammen mit der Bestimmung, Kinder zu gebären, festzuschreiben.

Auch von der minderen Glaubensfestigkeit der Frau will v. Rad nicht lassen:

Die Verführte wird sogleich zur Verführerin. Damit soll wohl angedeutet werden, daß das Weib den dunklen Lockungen und Geheimnissen, die unser umschränktes Leben umlagern, unmittelbarer gegenübersteht als der Mann. In der Geschichte des Jahweglaubens haben gerade die Frauen immer wieder einen Hang zu dunklen Afterkulten gezeigt.[127]

---

*ätiologisch: d. h. es wird mit einer Erzählung begründet, *warum ein bestimmter gesellschaftlicher Zustand so ist wie zur Zeit der Autoren;*
legitimatorisch: d. h. eine Erzählung wird dazu benutzt, einen bestimmten gesellschaftlichen Ist-Zustand (als gottgewollt) für die Zukunft fortzuschreiben.

Unter dem Gesichtspunkt sexistischer Sprache ist interessant, daß v. Rad grundsätzlich vom „Weib" spricht; „der Mensch", gelegentlich „der Mann" Adam hat niemals eine „Frau" als Gegenüber – warum bleibt v. Rad so konsequent bei Luthers Sprache? Auch die Eigenschaften des „Weibes" sind bei v Rad aufschlußreich: Es ist „ahnungslos", „unbefangen" und von einer „Einfalt des Gehorsams".[128] Weiterhin ist es „arglos" und hat eine „geheimnisvolle Phantasie".[129] Schließlich wird eine leise Beziehung zum Sexuellen hergestellt durch ein Zitat aus dem Neuen Testament (dabei in augustinischer Tradition):

... jene wortlose Szene, in der das Weib überlegend vor dem Baum steht und dann die Entscheidung fällt. Wir durcheilen mit ihm eine ganze Skala der Gefühle. „Köstlich zur Speise", das ist der grob sinnliche, „eine Augenweide", das ist der feinere, ästhetische Anreiz, und „begehrenswert für das Klugwerden", das ist die höchste und durchschlagende Verlockung (vgl. 1. Joh. 2,16: „des Fleisches Lust und der Augen Lust und hoffärtiges Wesen"!).[130]

Interessant ist auch die Interpretation von Gen 2,24: Eigentlich paßt dieser Vers nicht ganz ins Konzept von der patriarchalischen und patrilokalen Gesellschaft und könnte auch als unbeachtet gebliebener Hinweis auf matrilokale Traditionen schließen lassen. Das darf aber nicht sein. So wird in diesem Zusammenhang entweder auf die Stiftung der Ehe oder aber auf die Liebe zwischen Mann und Frau, die alle sonstigen Bindungen überschreitet, verwiesen. So verläßt der Mann sogar seine Eltern. Und daß die Frau ihre Eltern ebenfalls verläßt, bleibt hier nur deshalb unerwähnt, weil der Text „androzentrisch" ist und Aktivität nur vom Mann ausgeht.[131]
Crüsemann macht noch einen feinen Unterschied: Die Frau verläßt ihr Elternhaus, nicht nur Vater und Mutter. Für ihn heißt das: „Dahinter steht nicht ein matrilokaler Rest, wohl aber wird die Patrilokalität durch die Virilokalität kritisiert."[132]

Westermann verweist auf die „elementare Kraft der Liebe..."

Damit wird nicht etwa die Institution der Ehe erklärt; das Wort weist vielmehr auf die elementare Kraft der Liebe von Mann und Frau, die auch im Gegensatz zu den bestehenden Institutionen sich durchsetzen kann. Es ist eher ein revolutionäres Wort, das der von der Gesellschaft, den Konventionen, dem Elternhaus eingeplanten Ehe das elementare Verlangen und Zueinanderfinden der Liebenden entgegenstellt. Die stärksten Bande, auch die Bindung ans Elternhaus, werden von dieser Kraft gelöst.[133]

Oder noch einmal v. Rad:

Merkwürdigerweise deckt sich das Wort vom Verlassen von Vater und Mutter nicht ganz mit den patriarchalischen altisraelitischen Verhältnissen, denn viel mehr als der Mann löst sich die Frau nach der Verehelichung von ihrer Familie. Manche vermuten, daß sich in diesem sentenzartigen Satz eine Prägung aus einer Zeit mit noch mutterrechtlicher Kultur erhalten habe. Man muß aber betonen, daß es in unserer Erzählung nicht um eine Rechtssitte, sondern um eine Naturgewalt geht.[134]

Weil nicht sein kann, was nicht sein darf...

Die *Erschaffung aus der Rippe* ist ebenfalls ein Detail, das „man" nicht so genau untersuchen möchte.
Westermann weist zwar darauf hin, daß der Erzähler „eine alte festgeprägte Tradition wiedergibt"[135], welche das ist, hält er nicht für erwähnenswert. Gerhard von Rad meint, daß bestimmte Vorstellungen (über die Geschlechtergemeinschaft) „nur noch sehr fern anklingen" und daß ihre Bedeutung zur Zeit des Jahwisten schon nicht mehr lebendig war".[136]
Selbst Crüsemann schreibt, daß es „bis heute nicht verstehbar" sei und daß „vielleicht speziellere in Israel kaum noch verstandene Vorstellungen dahinter steckten". Letzlich handelt es sich um „nichts anderes als eine bildliche erzählerische Darstellung der engsten Zusammengehörigkeit" durch Blutsverwandtschaft".[137]
Woher nehmen die Autoren diese Gewißheit? Sollte den „großen" Alttestamentlern der Zusammenhang mit Sumer nicht bekannt sein, und damit auch der folgende Text?

Warum eine Rippe? Warum hielt es der biblische Erzähler für angebracht, eine Rippe zu wählen statt eines anderen Körperteils, um das Weib hervorzubringen, dessen Name nach biblischem Begriff ungefähr soviel bedeutet „sie, welche Leben schafft". Das wird uns klar, wenn wir annehmen, daß ein sumerisches Vorbild, wie zum Beispiel das Dilmun-Gedicht (die Sage vom Paradies), der biblischen Legende zugrunde liegt. In dem sumerischen Gedicht befindet sich unter den kranken Organen Enkis auch die Rippe. Das sumerische Wort für Rippe ist ti. Die zur Heilung von Enkis Rippe erschaffene Göttin heißt Nin-ti, die „Herrin der Rippe". Aber das sumerische Wort ti bedeutet gleichzeitig „Lebensschaffen". Der Name Nin-ti bedeutet also nicht nur die „Herrin der Rippe", sondern auch „Herrin, welche Leben schafft". In der sumerischen Literatur wurde daher die „Herrin der Rippe" mit der „Herrin, welche Leben schafft" identifiziert – und zwar durch ein Wortspiel, wie man es ausdrücken könnte. Dieses Wortspiel wurde in die biblische Paradieslegende übernommen und verewigt, obwohl es natürlich dort seinen Wert verliert, da das hebräische Wort für „Rippe" und das Wort für „sie, welche Leben schafft" nichts miteinander gemein haben."[138]

Ich möchte noch einmal betonen: Es geht mir nicht um die Wiederbelebung der großen Göttin, sondern darum, daß Zusammenhänge *verschwiegen* und heruntergespielt werden und sogar explizit bestritten wird, daß Genesis 2 und 3 gegen kanaanäische Fruchtbarkeitskulte polemisiere. Dabei ist es doch außerordentlich einleuchtend, daß eine Religion und Theologie sich auseinandersetzt mit der von benachbarten oder der von ihr bekämpften Völker – warum die Scheu, dies offen zuzugeben?

Zusammenfassung

Die Auslegungsgeschichte von Genesis 2 und 3 zeigt deutlich: Der Text wurde bis in unsere Zeit dazu benutzt,

☐ Frauen als *zweitrangig;*
☐ als *leichter verführbar* und dabei
mit stärkerem Akzent auf dem *minderen Glauben* bei Juden und Christen;
mit stärkerer *Betonung des Sexuellen* besonders in der katholischen Theologie;
☐ als bestimmt zur *Ehefrau* („Gehilfin") und *Mutter*
zu definieren.

Der Text wurde und wird *legitimatorisch* gebraucht, um eine göttliche (Straf-)Ordnung festzuschreiben. Selbst wenn Kommentatoren dies heute bestreiten und die Meinung vertreten, es handele sich um eine *ätiologische* Erzählung, durch die ein bestimmter gesellschaftlicher Zustand im alten Israel erklärt wurde, so spricht die *Wirkungsgeschichte* dagegen; teilweise widerlegt die heutige Auslegung selbst diese These – z.B. die v. Rads.

Frauen haben diese Texte durch die Kirchengeschichte hindurch anders ausgelegt als männliche Theologen. Sie haben die positiven Seiten Evas herausgearbeitet, selbst wenn sie der herrschenden Theologie ihrer Zeit verpflichtet waren. Nur Frauen versuchen, den hinter der Erzählung liegenden verkehrten Mythos wiederzuentdecken.

Zuschreibungen an Eva

Biblischer Befund	Kirchengeschichte, Dogmatik	(Säkulare) Gegenwart
Die Zweitgeschaffene Gehilfin Rippe	minderwertig, nachgeordnet soll sich bücken	*Anrede:* Herr und Frau; Brüder und Schwestern; Minderbezahlung im Beruf; arbeitet „mit"
Zuerst Verführte „Verführerin"	weniger Glauben; leichter dem Teufel verfallen; Hexe;	*Sprache:* richtige kleine Eva; Evaskostüm
Nacktheit führt zu Scham nach Genuß der Frucht	Verführung hat etwas mit Sexualität zu tun; Eva ist sexuell leichter verführbar; ist sexuelle Verführerin des Mannes, bringt ihn dadurch vom rechten Wege ab, ist gefährlich	*Bild:* Eva ist schöne nackte Frau Reklame *Gesellschaft:* Zölibat (kath.); Männerbünde (Soldaten, Polizei, Priester – Ausschluß der Frauen als Störfaktor); Vergewaltigung wird in der Justiz latent Frauen selbst vorgeworfen

Schwanger sein;
mit Schmerzen Kinder
gebären

Schöpfungsordnung: Frauen sind Ehefrauen
und Mütter, Männer „arbeiten", sind
Besitzer von Grund und Boden;
gewollte Kinderlosigkeit darf nicht
sein, Frauen dürfen sich ihrer Bestimmung
nicht entziehen (Luther)

Berufstätigkeit untergeordnet,
schlechter bezahlt, arbeitet „mit";
„natürliche" Bestimmung der Frau ist
Mutterschaft; Abtreibung ist verboten

Verlangen nach dem Mann
tragen;
er soll ihr Herr sein

Gewalt über die Ehefrau;
rechtliche Unmündigkeit, Besitz des
Mannes (Vater bzw. Ehemann);
Mann führt das Regiment über die
Frau (Luther)

Gewalt gegen Ehefrauen (einschließlich
Vergewaltigung) kein Strafdelikt, in dem
Justiz von sich aus tätig wird;
bei Anzeige wenig Hilfe für die Frau;
Politik wird von Männern gemacht, z. B.
auch Politik gegen §218;
Familienvorstand ist der Mann

II   Auslegungsgeschichte zu Marien-Texten

Schon mit dieser Überschrift will ich andeuten, daß die Auslegungsgeschichte zu Maria sich nicht auf Lukas 1 und 2 bzw. die
neutestamentlichen Texte beschränkt: Schon früh wurden apokryphe Texte einbezogen, um ein bestimmtes Bild von Maria zu
untermauern und schließlich eine *Lehre* über Maria, die Mariologie, aufzubauen, die mit dem biblischen Text nur noch sehr
wenig zu tun hat – um es vorsichtig auszudrücken! Daß Maria
Jüdin war, eine jüdische Mutter, ist darin völlig unkenntlich geworden. Deshalb will ich an den Anfang eine jüdische Interpretation der neutestamentlichen Texte setzen. Dabei beziehe ich
mich auf *Schalom Ben Chorin, Mutter Mirjam.*[139]
Das meiste davon ist nicht neu – Ergebnisse der historisch-kriti-
schen Forschung sind einbezogen und ergänzt durch jüdische
Sicht. Ben Chorin entwirft anhand der neutestamentlichen
Texte zu Maria ein realistisches Bild von einer jungen, einfachen, aber nicht ungebildeten jüdischen Mutter. Dies stellt er
den Stilisierungen der Mariologie gegenüber, um „Mutter Mirjam" heimzuholen.[140]
Die *Jungfrauengeburt* ist für ihn eine *Erfüllungssage* aus späte-
rer Zeit. Er geht davon aus, daß Maria und Joseph selbst nichts
davon gewußt haben, und macht darauf aufmerksam, daß beide
Stammbäume Jesu über Joseph zur Davidslinie laufen. Auch
Paulus berichtet nichts über eine besondere oder jungfräuliche
Geburt. Die Erfüllungssage bezieht sich auf Jes 7,14, wo es
heißt: „Siehe, eine Jungfrau ist schwanger . . . " Die „Jungfrau" stammt aus der griechischen Übersetzung der „Septuaginta") und ist als solche in die lateinische (die „Vulgata") wei-
tergetragen worden. Ben Chorin erinnert daran, daß bei Jes
7,14 im Hebräischen *„almā"* (=junge Frau) steht und nicht *„bethulā"* (= Jungfrau). „Alma wird in der hebräischen Bibel nur
sehr selten gebraucht, u. a. aber für Mirjam, die Schwester Mo-

ses und Prophetin", und „hier haben wir die Verbindung, die der Evangelientradition zugrunde liegt: Alma Mirjam, Jungfrau Maria oder die junge Frau Mirjam".[141]

Das Bild von der Überschattung des Heiligen Geistes deutet Ben Chorin als einen Mythos[142], der griechische und hebräische Elemente enthält und erst später formuliert wurde, auch wenn Maria möglicherweise wie „in solcher Drangsal jede jüdische Mutter gehofft haben (mag), den Messias in ihrem Schoße zu tragen".[143]

Die Messiaserwartung äußert sich vor allem in den niederen Schichten des Volkes. Dazu gehören neben Maria und Joseph auch Simeon und Hanna.

Diese Gestalten muß man als Vertreter des Volkes, des schlichten Am Haarez ansehen, jener Schicht, die unter dreifachem Druck litt, unter dem römischen Imperialismus, unter der klerikalen Herrschaft der Tempelpriester und der skrupulösen Gesetzespedanterie der Pharisäer. Die Volksmassen erwarteten den Trost Israels, den Befreier in diesem dreifachen Sinne: Er sollte Israel von der römischen Fremdherrschaft erlösen, den Tempel von einer korrupten Priesterschaft befreien und das Joch des Gesetzes vom Nacken der Bauern, Handwerker und Tagelöhner nehmen. Darüber hinaus aber gab es Kreise, die vom Messias erwarteten, daß er im Sinne von Jesaja 49,6 ein Licht der Völker werde und die Gotteswahrheit Israels über das Land hinaus in die Welt trage. Gerade eine Mutter aus den niederen Schichten des Volkes mochte solche Hoffnungen hegen. Maria gehörte dazu, denn sie war zu arm, um das volle Reinigungsopfer nach ihrer Niederkunft darzubringen, und begnügte sich daher mit dem Armenopfer (3. Mose 12,8) . . . [144]

Zum Magnifikat bemerkt Ben Chorin, daß sein „Herzstück", die „Niedrigkeit der Magd" nicht sozial aufzufassen sei und auch nicht im Sinne menschlicher Sündhaftigkeit, sondern aus der Situation der schwangeren Braut zu verstehen sei – anders als Hanna, Mutter Samuels, habe Maria ja nicht unter ihrer Kinderlosigkeit gelitten und diese als Schmach angesehen.

Erst eine spätere Theologie kann von Maria sagen, daß sie sich für zu niedrig gehalten habe, die Gottesgebärerin zu werden. Davon ist ja auch hier gar nicht die Rede. Selbst von der jungfräulichen Geburt oder Zeugung wird in dem Hymnus nichts gesagt. Die Niedrigkeit wird daher eher aus der Situation heraus verständlich. Die junge Frau, die noch als

Braut schwanger geworden ist, wurde scheel angesehen und erniedrigt. Gott aber hat sich dieser Erniedrigten erbarmt. Gerade von ihr soll der Messias geboren werden. Der Hymnus nimmt die Ereignisse voraus und kann so von Maria selbst in der beschriebenen Stunde nicht gesagt, gebetet oder gesungen worden sein. Und doch ist das Magnificat im Zusammenhang mit der wirklichen jungen, orientalischen Jüdin Mirjam denkbar. Ein junges Mädchen, das in entsprechender Umgebung aufgewachsen ist, kennt viele Bibelsprüche auswendig, selbst wenn es nicht lesen und schreiben kann. Es handelt sich um Verse, die in der Liturgie der heimischen Synagoge von Nazareth oft wiederkehrten, die bei häuslichen Andachten am Sabbath und an Festen erklungen sind.[145]

Ob Joseph der Vater Jesu war, mag Ben Chorin nicht entscheiden, offensichtlich wurde er aber von vielen dafür gehalten – die Stammbäume weisen auf ihn –, und eine Reihe von Texten spricht von seinem Vater und seiner Mutter (Lk 2,33.41–51). Andererseits gebraucht Jesus niemals Bilder aus dem Handwerk des Zimmermanns.

Die Weissagung des Simeon sieht Ben Chorin u. a. als Vorwegnahme des Verhältnisses von Mutter und Sohn und als eine Beschreibung von Marias Verhalten während der Wirkungszeit Jesu: Sie wird ihn nicht verstehen, ihn für geistesgestört halten, für einen Alkoholiker und einen Menschen, der gefährliche Reden führt und dadurch und durch sein Leben die Familie ständig gefährdet. Für Ben Chorin ist dieser *Familienkonflikt ein zentraler Punkt,* den er wieder und wieder betont.

Die Weissagung zerfällt in zwei Teile. Der erste Teil bezieht sich auf die Sendung des Kindes, der zweite auf das bittere Los seiner Mutter.

Der gelehrte Verfasser sagt, was das Schwert nicht bedeutet, aber er sagt nicht, was es bedeutet. Tatsächlich ist von einer Spaltung des Volkes die Rede, die durch Jesus ausgelöst wird und die einen zum Fall und die anderen zum Aufstehen bringt...

Man braucht nicht lange nach fernliegenden Deutungen zu suchen, sondern muß sich eine Mutter vorstellen, deren Sohn mit dieser extremen Radikalität die Harmonie der Sippe durch ein ihm übergeordnet erscheinendes Prinzip stört und zerstört. Man muß sich vor allem aber eine jüdische Mutter vorstellen, die ganz auf den Kreis der häuslichen Pflichten und familiären Angelegenheiten konzentriert lebte, am öffentlichen Leben kaum Anteil nehmen konnte, die nun durch ihren Sohn um alles gebracht wird, was ihr lieb und teuer, wert und heilig ist.

In diesem Schwertspruch Jesu ist vor allem von der zerstörenden Kraft seiner Botschaft im Familienkreise, nicht im öffentlichen Leben die Rede. So ergänzen sich auch die beiden Teile der Weissagung des Simeon. Der erste Teil, der allgemein gesprochen ist, bezieht sich auf das Skandalon, das Ärgernis, das durch Jesus im Volke entsteht. Der zweite Teil, der an die Mutter gerichtet ist, bezieht sich auf die Zersetzung der Familie durch Jesus.[146]

Daß zumindest ein Teil der Familie möglicherweise nach dem Tode Jesu ihre Haltung ihm gegenüber änderte, erklärt Ben Chorin psychologisch:

Das ist eine Erscheinung, die wir nicht selten bei außergewöhnlichen Menschen beobachten können. Die engere Umgebung kann die Sprengung des Milieus nicht ertragen und findet sich erst damit ab, wenn der Außenseiter der Familie in der Öffentlichkeit oder einem Teil derselben rezipiert wurde. Dann erst rechnet man es sich zur Ehre an, ein naher Verwandter zu sein. Vor allem nach dem Tode des Außenseiters werden dessen Werk und Persönlichkeit von den Angehörigen glorifiziert. Sie wollen posthum an seiner Leistung, auch an seinem Martyrium, teilhaben.[147]

Maria ist für Ben Chorin eine typische jüdische Ehe- und Hausfrau, die eine Reihe von Kindern hatte, und die „schwer gearbeitet haben muß, um ihren Kindern eine derartige Ausbildung (z. B. die rabbinische für Jesus) zu ermöglichen".[148] Vielleicht konnte sie auch selbst lesen und schreiben.[149] Religiöse Bildung für Frauen ist nicht erst ein Ergebnis des Christentums, als das es gern dargestellt wird, auch im Judentum wurden Mädchen in der Thora unterrichtet – wenngleich eher als Ausnahme. Die Herkunft der Familie aus davidischem bzw. levitischem Stamm legt trotz Verarmung einen gewissen Bildungsgrad nahe.[150]

Der Konflikt zwischen der Familie und Jesus zeigt sich in aller Schärfe, als die Familie ihn heimholen will (Mk 3,31–35; Mt 12,46–50; Lk 8,19–21).

Ein Bote, vielleicht ein Kind, das leichter durch die Menge schlüpfen kann, dringt bis zu Jesus vor, um ihm die Ankunft der Mutter und der Geschwister zu melden. Die Mutter wird ausdrücklich an erster Stelle genannt. Das hat seinen guten Grund, geht auf eines der Zehn Gebote zurück: „Ehre Vater und Mutter". Es gibt ein im Judentum sehr ernst genommenes Gebot der Elternehrung, nicht aber der Geschwisterehrung. Gesetz und Brauch forderten, daß Jesus sofort aufstand, um seiner Mutter entgegenzugehen. Deshalb wird die Mutter hier ausdrücklich an erster Stelle eigens genannt.

Er aber verleugnet sie. Er tut das in einer für den jüdischen Dialog typischen Weise, indem er mit einer Frage antwortet: „Wer ist meine Mutter, und wer sind meine Brüder?" . . .

Er blickt auf die Jünger, das Volk, reckt die Hand über sie aus und deklariert: „Siehe, das sind meine Mutter und meine Brüder."

In jeder Gesellschaft wäre eine solche Haltung ein Ärgernis, aber in der jüdischen Gesellschaft gilt dies in erhöhtem Maße. Der starke Familiensinn der Juden ist sprichwörtlich und wird durch die wohl älteste Schicht des Rituals besonders gefestigt . . .

Vater, Mutter und Kinder bilden nicht nur eine natürliche, sondern auch eine kultisch-sakrale Einheit, sie sind Urzelle der Berith, des Bundes, der ja mit dem Sippenvater Abraham, der Familie Abrahams geschlossen wurde. Man muß diesen überhöhten Charakter der Familie verstehen, um das Ausmaß der Absage Jesu an diese göttlich gesetzte Einheit in ihrer Tragik zu erfassen.[151]

Auch den Dialog bei der Hochzeit von Kana deutet Ben Chorin als konfliktgeladene Familienauseinandersetzung, bei der Maria ihren Sohn möglicherweise mit hämischem Unterton an sein „Fressen und Saufen" erinnert – im Sinne von: Der Wein ist schon alle, für dich ist hier nichts mehr zu holen[152] – und er mit einer Beleidigung antwortet: „Weib, was habe ich mit dir zu schaffen?" (Joh 2,4).

Der Familienkonflikt erscheint Ben Chorin so stark, daß er die Brüder Jesu beschuldigt, ihn bewußt in den Tod getrieben zu haben.[153] Die Mutter habe zwar auch nicht an ihn geglaubt, ihn aber dennoch, wie jede Mutter ihre Kinder, auf ambivalente Weise geliebt. Jesus habe sie deshalb am Kreuz dem Johannes anvertraut, weil der Bruch mit seiner sonstigen Familie vollkommen war.

Schließlich weist Ben Chorin noch darauf hin, daß sowohl bei der ersten wie bei der letzten Erwähnung Marias der Heilige Geist zugegen ist. Für ihn ist sie daher in der Pfingstgeschichte die „zentrale Person", von der der Geist auf die anderen übergeht.[154]

Am Schluß kritisiert Ben Chorin nochmals die katholische Mariologie, die das hebräische Erbe so verfremdet, daß es nicht mehr erkennbar ist. Merkwürdigerweise betrachtet er das Dogma von der Aufnahme Marias in den Himmel trotz jüdischer Kritik durchaus wohlwollend zugunsten der Frauen:

> Was aber wurde mit diesem bisher letzten Mariendogma erreicht? Etwas überaus Zeitgemäßes: *die religiöse, theologische, heilsgeschichtliche Emanzipation der Frau.* In einem Zeitalter der politischen und sozialen Emanzipation stellte dieses Dogma eine psychologisch richtige Ergänzung dar. Nicht nur der Mann ist durch den Sohn Gottes im Himmel leibhaftig repräsentiert, sondern auch die Frau durch Maria.
> Man glaubt nur zu gern, was man wünscht, so daß dieses Dogma auf einen seelisch fruchtbaren Boden gefallen ist. Christus ist, nach dem Zeugnis des Apostels, der Erstling der Auferstehung. (I. Kor. 15,20.23) Aber soll es nur einen männlichen Auferstehungsleib von unverweslicher Klarheit geben? Soll das Fleisch des Weibes hingegen als Sündenleib der Verwesung anheimfallen? Auch sie, die Frau, ist in ihrer ewigen Gestalt, in Maria, dem Tode entrückt.
> Welch ein Trost, welch eine Verheißung.[155]

Ich denke, hier verfällt Ben Chorin in einen gründlichen (männlichen) Irrtum, der möglicherweise auch mit seinem psychologischen Erklärungsmuster der Mariologie zu tun hat. Für ihn entspricht sie einem „psychologischen Bedürfnis, das nicht veraltet".[156] Von daher akzeptiert er die unjüdische Erhöhung Marias.

> Es ist eine Wolke, gewoben aus Glaube, Liebe und Hoffnung, aus Mythos, Sehnsucht und archetypischen Vorstellungen, aus Weisheit und kindlicher Einfalt, aus Traum und Gebet.[157]

1. Exemplarische Elemente der Mariologie

a) Westliche Kirchenväter

Ben Chorin versucht aus der Sicht eines Juden von heutzutage, das Leben Marias nachzuzeichnen und seine – eine jüdische – Kritik an der Mariologie anzumelden.

Die Lehre von der Jungfrau Maria entwickelte sich in Jahrhunderten vor allem in der katholischen, der Westkirche, wenngleich der Kult der Maria ursprünglich aus der Ostkirche stammte und im Westen übernommen und sehr stark umgeformt wurde. Dabei wirkte der Volksglaube auf die Entwicklung der offiziellen Lehre ein wie auch umgekehrt.

Die Schwierigkeit für die Kirchenlehrer bestand darin, Elemente des jeweiligen Glaubens an die „große Göttin" in die zu formulierende Lehre aufzunehmen, weil sie offensichtlich nicht zu unterdrücken waren, sie aber gleichzeitig zu entschärfen, um die monotheistische Lehre von dem einen Gott nicht zu gefährden. Diese Lehre war zwar auch durch das Dogma von der Trinität (nach langen Kämpfen auf dem Konzil von Konstantinopel 381 formuliert und später weiter ausgebaut) relativiert. Die Dreieinigkeit enthielt mit ihrer dritten Person ein weiblich zu interpretierendes Element. Im Hebräischen und Aramäischen ist „Geist" – *ruach* – grammatisch weiblich, im Griechischen zwar sächlich, wir finden aber häufig für den Geist Gottes die *Weisheit,* die Sophia, die im Alten Testament Gott als eigene Person gegenübersteht.[158]

Erst durch das Lateinische konnte „der" Geist, Spiritus Sanctus, endgültig männlich gedeutet werden. Da im Deutschen der Geist ebenfalls männlich ist, bereitet es uns Mühe, eine Trinität vorzustellen, die ein weibliches Element hat. Man hat auf demselben Konzil von Konstantinopel 381 übrigens eine direkte Familienkonstellation – Vater-Mutter-Sohn – verworfen. Daß zumindest für jüdisches Denken „Geist" weiblich vorgestellt wurde, zeigt die Polemik gegen die Jungfrauengeburt: Wie sollen zwei Frauen miteinander zeugen?[159] So ist der Sprachgebrauch von feministischen Theologinnen von der „Geistin" berechtigt, um uns an die ehemals weibliche Bedeutung der dritten Person zu erinnern. Die „Geistin" oder Sophia hat auch durch die Kirchengeschichte ein subversives Leben geführt, wenngleich allzu entschiedene Interpretationen zu Ketzerverfolgungen führen konnten.[160]

Im Gegensatz zur mehr verborgenen Göttlichkeit der Sophia wurde und wird Maria im Volksglauben sehr viel deutlicher zur großen Göttin. Mich interessiert es im Zusammenhang meines Themas nicht, diese Züge der Maria herauszuarbeiten. Maria als die heimliche große Göttin ist ein Thema, das von feministischen Theologinnen ausführlich bearbeitet wird.[161] Dort wird gerade auch der Fruchtbarkeitsaspekt der Maria herausgehoben, der in der offiziellen Mariologie beharrlich verschwiegen wird – wiewohl die Marienfeste auf die Termine alter Fruchtbarkeitsfeste gelegt wurden.[162]

In bestimmtem Maße wurde Maria Zuständigkeit auf diesem Gebiet zugebilligt, z. B. für das Getreide: S. Maria in Cosmedin in Rom wurde über einem alten Ceres-Tempel gebaut[163], oder ihre Statue wird im Mai über die Felder getragen. Diese Form der Fruchtbarkeit schien offensichtlich noch zulässig, weil sie auf keinen Fall mit Lust und Sexualität verbunden werden dürfte. Maria wurde im Laufe der Jahrhunderte zunehmend entsexualisiert. Damit nahm man ihr eine für die große Göttin entscheidende Potenz und ordnete diese als negatives Merkmal Eva zu. Die *biologische Jungfräulichkeit* wird in der katholischen, westlichen Theologie entscheidendes Merkmal Marias, dazu kommen *Demut, Gehorsam* und *Glaube*. Verbunden mit diesen zentralen Eigenschaften konnte Maria auch gefahrlos für eine männliche Theologie zur Himmelskönigin werden.

Die Verbindung von Keuschheit, Demut, Gehorsam und Glauben konnte zwar schon aus Lukas 1 abgeleitet werden, für die Weiterführung dieses Zusammenhangs oder gar für die „Himmelfahrt" reichten die Lukastexte und die wenigen anderen neutestamentlichen Berichte aber nicht aus. Schon frühzeitig wurden daher apokryphe Texte mit herangezogen, obwohl sie andererseits als nichtkanonisch abgelehnt wurden. Dazu gehört vor allem das sogenannte „Protevangelium des Jakobus" und verschiedene Versionen vom „Heimgang" oder „Hinübergang" Marias. Diese Versionen beziehen Apg 1,14 – Maria befindet sich nach der „Himmelfahrt" Jesu mit den Jüngern betend im Obergemach – so ein, daß Maria im Kreise der Jünger starb (sie allein mit den Jüngern als einzige Frau, obwohl Apg 1,14 „die Frauen" noch vor Maria als Anwesende erwähnt) und ihre Seele von Jesus in den Himmel getragen wird. Die verschiedenen Versionen von Marias Tod stammen aus dem Syrischen (350–400) und wurden inder Ostkirche verbreitet. Aber immer ist Maria bereits gestorben. Erst in der Westkirche entwickelt sich daraus die leibliche Auferweckung durch Christus und Marias Himmelfahrt. Ein entsprechendes Fest (Heimgang) wurde seit dem 7. Jahrhundert gefeiert und im 9. Jahrhundert zur „Himmelfahrt" verändert.[164] Die Vorstellung von der leiblichen Himmelfahrt geht auf eine Vision der Elisabeth von Schönau zurück, und im 14. Jahrhundert war dieser Glaube bereits allgemein verbreitet, auch wenn es noch 600 Jahre dauern sollte, bis das entsprechende Dogma 1950 verkündet wurde. (Allein von 1849 an hatten über 3387 Kardinale, Bischöfe und Patriarchen die Verkündung beantragt[165] – offensichtlich war die katholische Kirche in der zweiten Hälfte des 19. und der ersten des 20. Jahrhunderts in einer krisenhaften Lage, die nach einem spektakulären Lehrsatz verlangte, der 1950 eigentlich nur noch absurd wirken konnte.) (s. Abb. 8, S.106.)

Abb. 8: Maria wird leiblich in den Himmel aufgenommen und dort zur Königin gekrönt: Dürer verbindet apokryphe Überlieferungen mit der entwickelten Mariologie seiner Zeit.

Das Protevangelium des Jakobus[166] – entstanden etwa um 150 – beschreibt, teilweise märchenhaft, Empfängnis, Geburt, Kindheit und Verlöbnis der Maria, nimmt die Ankündigung und Geburt Jesu auf – mit für das Stichwort „Jungfräulichkeit" entscheidenden Veränderungen, verschmilzt Lukas 1 und 2 mit Matthäus 1 und 2. Es endet mit der Ermordung des Zacharias im Zusammenhang des Kindermords von Bethlehem, vor dem Maria ihr Kind bewahrt, indem sie es in eine Krippe legt.

Jakobus benennt die Eltern Marias: Anna und Joachim. Maria ist ihr einziges Kind nach langer kinderloser Ehe. Das Wunderkind – es kann schon mit einem halben Jahr laufen, betritt aber keinen normalen Erdboden mehr – wird zu seinem ersten Geburtstag vom Hohenpriester gesegnet, dreijährig in den Tempel gebracht (s. Abb. 9, S. 108) und dort von den Priestern aufgezogen (eine völlig unjüdische Vorstellung!). Ernährt wird es durch Engel. Auch tanzt es zierlich und erfreut durch Anmut (7,3). Probleme gibt es erst, als Maria 12 Jahre alt wird. Die Priester beraten „ . . . Was sollen wir nun mit ihr tun, damit sie nicht den Tempel des Herrn beflecke?" (8,2).

Menstruierende Frauen sind gefährlich für den Kult[167], Maria muß zur Zeit der Geschlechtsreife den Tempel verlassen – im Gegensatz zu Samuel, dem vieles in ihrer Geschichte nachgestaltet ist. Auch die Zitate weisen immer wieder auf Samuel hin. Vielleicht sollte auch eine andere Assoziation hervorgerufen werden: Jesus ging als 12jähriger *in* den Tempel, um im Hause seines Vaters zu sein – Maria wird zu diesem Zeitpunkt daraus entfernt. Sie wird dem „Witwer" Joseph – er hat erwachsene Söhne – in Obhut gegeben und webt in seinem Hause den Purpur für den Tempelvorhang. Nachdem Joseph sie zeitweilig verlassen hatte, um „seine Bauten zu errichten" (9,3) – aus dem ärmlichen Zimmermann wird offensichtlich eine Art größerer Architekt –, wird Maria die Geburt Jesu angekündigt. Ihr Besuch bei Elisabeth wird nur kurz geschildert: „Sie begab sich zu Elisabeth . . . und klopfte an ihre Tür" (12,2). Gerade so, als wäre es das Haus um die Ecke – von einem weiten Weg übers

*Abb. 9:   Die dreijährige Maria wird von ihren Eltern in den Tempel ge-
bracht und dort von den Priestern erzogen.*

Gebirge, den sie allein geht, ist nicht die Rede. Auch der Gesang der Maria, ihr politisches Lied, fehlt völlig. Dafür weiß der Verfasser aber, daß sie 16 Jahre alt war und sich fürchtete, weil ihr Leib zunahm (12,3). Joseph kommt nach Hause, findet sie schwanger und beschuldigt sie heftig: „Warum hast du deine Seele erniedrigt . . . ?" (13,2).

Interessant ist sein Hinweis auf Adam und Eva, in dem er Eva eine sexuelle Verführung durch die Schlange unterstellt: „Sollte sich an mir die Geschichte Adams wiederholt haben? Denn wie Adam in der Stunde seines Gebets abwesend war und die Schlange kam und Eva allein fand, sie betrog und sie so befleckte, so ist es auch mir widerfahren" (13,1).

In der Nacht träumt Joseph und hört vom Engel, daß Maria vom Heiligen Geist schwanger sei, beschließt sie zu behalten, wird aber alsbald mit ihr zusammen verklagt. Durch Gottesurteil erweist sich, daß beide „unschuldig" sind (16). Die Schwangerschaft Marias wird damit wesentlich akzentuierter als bei Lukas als jungfräuliche dargestellt: auch an Joseph wird „bewiesen", daß er nicht der Vater ihres Kindes ist.

Für die Geburtshilfe holt Joseph eine Hebamme, die als Zeugin der Salome von dem Wunder der jungfräulichen *Geburt* (also nicht nur Empfängnis!) erzählt, die es aber nicht glauben und Marias Muttermund selbst untersuchen, „ihren Finger hinlegen" will. Aber anders als beim ungläubigen Thomas, auf den als Parallele verwiesen wird, wird solche Vergewisserung keineswegs langmütig geduldet, sondern hart bestraft: „Sie erhob ein Wehgeschrei und sprach: Wehe über meinen Frevel und meinen Unglauben; denn ich habe den lebendigen Gott versucht, und siehe, meine Hand fällt von Feuer verzehrt von mir herab" (20,1). Merke: Eine Frau ist ungläubig und wird bestraft, ein Mann wird milde vermahnt (Joh 20,29). (Vielleicht steckt auch verborgen der Hinweis in diesem Text, daß die Berührung der Geschlechtsteile einem Tabu unterliegt und eine stärkere Bestrafung nach sich zieht als die Berührung „harmloserer" Körperteile.) Nachdem sie reumütig ihre Schuld eingestanden und um Hilfe gebeten hat, wird sie durch Berührung des Kindes Jesus geheilt.

Ich habe den Text so ausführlich und auch zugespitzt dargestellt, um zu zeigen,

☐ wie bekannt auch uns Elemente dieses Textes sind, obwohl
er nicht zu den kanonischen gehört;

☐ an welchen Punkten er biblische Überlieferung aufnimmt
und sie stärker akzentuiert, indem er die biologische Jungfräulichkeit bei Empfängnis und Geburt „beweist";

☐ an welchen Punkten er biblische Überlieferung abschwächt
oder ausklammert: der Gang über das Gebirge, die politische
zentrale Aussage im Dialog der beiden Frauen, vor allem im
Magnifikat.

Vor allem aus der bildenden Kunst sind uns Anna und Joachim
bekannt. Kirchen wurden mit Bildern aus dieser Legende ausgemalt, nach Anna benannt, Stundenbücher des Mittelalters
zeigen die Legende in kostbaren Miniaturen, „Anna selbdritt"
ist ein beliebtes Altarbild-Motiv. Offensichtlich bestand ein
wohlwollendes Interesse von Theologen an diesen Bildern und
der von ihnen transportierten Geschichte, auch wenn der Text
nicht offiziell anerkannt war. Zwar hatten ihn bereits Clemens
von Alexandrien (gest. 215) und Origenes als Beweis für die
jungfräuliche Geburt zitiert; in der Ostkirche war der Text anerkannt. In der Westkirche wurde er Ende des 5. Jahrhunderts
durch Papst Gelasius ausdrücklich verurteilt – eine lateinische
Übersetzung gab es erst im 16. Jahrhundert. Gleichwohl war
der Text auch im Westen bekannt und wurde vielfach benutzt.[168]
Schon früh finden wir in S. Maria Antiqua in Rom ein Bild, das
eine weibliche Dreieinigkeit mit jeweils drei kleinen Kindern
darstellt: Elisabeth mit Johannes, Maria mit Jesus und Anna mit
der kleinen Maria auf dem Arm.[169]

Ich möchte noch einmal festhalten: Der Verfasser des Prot-
evangeliums fügt dem Thema Jungfräulichkeit über den biblischen Text hinaus hinzu: Maria hat nicht nur jungfräulich empfangen, sondern auch geboren. Die im Neuen Testament ge-
nannten „Brüder" Jesu sind seine Stiefbrüder, denn Joseph war

Witwer mit erwachsenen Söhnen. Das Protevangelium behauptet noch nicht direkt, daß Maria und Joseph keine weiteren Kinder miteinander hatten, es legt aber diesen Schluß nahe, denn *erwachsene* Söhne deuten auf einen alten Vater, der keine weiteren Kinder mehr zeugt oder zeugen muß. Aus dieser Quelle kommt auch unser Bild vom „alten" Joseph mit langem weißem Bart, auf seinen Stab gestützt, vielleicht noch verstärkt dadurch, daß Joseph im Zusammenhang mit dem erwachsenen Jesus nicht mehr erwähnt wird, sondern nur seine Mutter und seine Brüder.

Daß Joseph ebenfalls „keusch" gewesen sei, behauptet erst *Hieronymus*. Es dient ihm einerseits als Beweis für die *immerwährende Jungfräulichkeit* Marias – die „Brüder" Jesu sind nach Hieronymus seine Vettern oder Verwandte – und andererseits als Beispiel für das Ideal der Jungfräulichkeit auch für Männer. Die Frage der Jungfräulichkeit Marias *nach* der Geburt Jesu war offensichtlich im 4. Jahrhundert umstritten. Hieronymus (340/50–420) schreibt eine ausführliche und polemische Abhandlung zugunsten der immerwährenden Jungfräulichkeit Marias gegen Helvidius (um 385)[170], der sie offenbar bestritten hatte und Verheiratete mit Jungfrauen auf die gleiche Stufe stellte – für Hieronymus eine Unverfrorenheit sondergleichen. So schrieb er diese wissenschaftliche Abhandlung und belegt seine These und die Falschheit der Auffassung des Helvidius mit vielen Zitaten aus dem Alten Testament.

Der Text des Helvidius selbst ist nicht erhalten, wir wissen von ihm nur aus der Polemik des Hieronymus.

Hieronymus war Berater von Papst Damasus, der die Ausführungen über die Jungfräulichkeit Marias billigte.[171] Im Jahr 391 wurde ein Bischof von Sardica seines Amtes enthoben, weil er die Lehre von der Jungfräulichkeit Marias nach der Geburt bekämpfte.[172] Es wird deutlich: Die Frage ist umstritten, es besteht aber ein Interesse der Obersten in der Hierarchie, sie endgültig zugunsten der *immerwährenden Jungfräulichkeit* zu entscheiden, Maria also jegliche Sexualität abzusprechen.

Im folgenden will ich noch etwas genauer auf diesen Text des *Hieronymus* eingehen, weil er mir ein Schlüsseltext für das katholische Verständnis von Maria als Jungfrau – und damit als Vorbild für Frauen – zu sein scheint.

Hieronymus beschäftigt sich zunächst mit der jungfräulichen Empfängnis des Kindes Jesus und der Tatsache, daß Joseph keinesfalls sein Vater war, auch wenn dies sogar in den Evangelien so dargestellt werde. Als Kenner des Hebräischen geht er auf

die jüdische Unterscheidung zwischen der „jungen Frau",
„almā", und der Jungfrau „bethulā" bei Jesaja (7,14) ein[173],
weist sie aber selbstverständlich als jüdisch-ungläubig zurück.

Weiterhin „beweist" Hieronymus, daß Joseph auch während
der Schwangerschaft und nach der Geburt Jesu mit Maria nicht
sexuell verkehrt habe, weil er „den Tempel Gottes" doch nicht
zu entweihen wagte.

Wer also einem Traumgesichte soviel Glauben schenkt, daß er es nicht
wagt, seine Gattin zu berühren, sollte der sich erkühnt haben, dem
Tempel Gottes, der Wohnung des Heiligen Geistes, der Mutter seines
Herrn sich zu nahen, nachdem er aus dem Munde der Hirten gehört
hatte, der Engel des Herrn sei vom Himmel gekommen und habe zu ihnen gesprochen: „Fürchtet euch nicht" . . . [174]

Nach der Geburt habe eine jüdische Frau sich nach dem Gesetz
wegen ihrer Reinigung über längere Zeit zu enthalten. Außerdem hatten Maria und Joseph zu dieser Zeit keinen Platz in der
Herberge, so daß schon aus diesen Gründen kein ehelicher Verkehr stattfinden konnte.

Wie könnte man sonst die Worte rechtfertigen: „Er erkannte sie nicht,
bis sie ihren Sohn gebar", wenn Joseph nachher die Zeit der Reinigung
noch abwartet, wenn die so lange verhaltene Begierlichkeit von neuem
um vierzig Tage verschoben wird? Die Mutter liegt noch im Blute da,
die Ammen nehmen den weinenden Knaben in Empfang, der Gatte
aber umarmt die erschöpfte Gattin. Unter solchen Umständen muß
dann der eheliche Verkehr beginnen, nur damit der Evangelist nicht ge-
logen habe. Wie kann man so etwas von der Mutter des Erlösers und
von einem gerechten Manne annehmen? Da gab es keine Hebammen
oder anderer Frauen Geschäftigkeit. Sie selbst wickelte das Kind in
Windeln; sie selbst war Mutter und Geburtshelferin. „Und sie legte es",
so heißt es weiter, „in die Krippe, weil in der Herberge kein Platz war".
Diese Stelle entkräftet auch die Phantastereien der Apokryphen, da
Maria in eigener Person das Kind in Windeln wickelte; auch gestattet sie
nicht, daß der eheliche Verkehr, wie Helvidius es will, gepflegt wurde,
da hierzu in der Unterkunft kein Platz war.

Helvidius hatte aufgrund von Lk 2,7 gesagt, daß der „erstgeborene Sohn" auf weitere Kinder hindeute, sonst hätte vom „ein-
(zig) geborenen" die Rede sein müssen, aber Hieronymus argumentiert spitzfindig:

Ich aber erkläre folgendermaßen: Jeder eingeborene Sohn ist auch der erstgeborene, doch nicht jeder Erstgeborene ist der Eingeborene. Erstgeborener ist nämlich nicht nur jener, auf den keiner mehr folgt, sondern auch der, welchem niemand vorangeht . . .
Weil aber das Gesetz über die Erstgeborenen auch den einbegreift, auf welchen keine weiteren Brüder folgen, so ergibt sich, daß der Name Erstgeborener jedem zukommt, welcher den Mutterschoß öffnet, und vor welchem kein anderer geboren ist, nicht bloß demjenigen, auf welchen ein später geborener Bruder folgt.[176]

Weiterhin hatte Helvidius alle neutestamentlichen Texte zitiert, die von den Brüdern und Schwestern Jesu sprechen. Hieronymus argumentiert zunächst mit Maria unter dem Kreuz und konstruiert eine verwickelte Verwandtschaft, nach der die Brüder Jesu und insbesondere Jakobus Söhne einer anderen Maria, einer Schwester der Mutter Jesu gewesen sein sollen. Daß es doch ziemlich unwahrscheinlich ist, zwei Schwestern mit dem gleichen Vornamen zu benennen, stört Hieronymus bei dieser Beweisführung nicht:

Es ergibt sich als Schlußfolgerung, daß jene Maria, welche die Schrift als des jüngeren Jakobus Mutter erwähnt, des Alphäus Gattin gewesen sein muß und die Schwester Mariä, der Mutter des Herrn. Der Evangelist Johannes nennt sie Maria Kleophae entweder nach ihrem Vater, oder nach dem Stammesnamen ihrer Familie oder aus irgendeinem anderen Grunde. Wenn du aber an zwei verschiedene Personen denkst, weil es einmal heißt Maria, die Mutter des jüngeren Jakobus, und ein anderesmal Maria Kleophae, dann wisse, es ist in der Schrift gebräuchlich, denselben Menschen unter verschiedenen Namen anzuführen.[177]

Abgesehen davon sei die Bezeichnung „Bruder" ein sehr weitgehender Begriff.

„Und mit welchem Recht", fragst du, „hat man solche, die keine Brüder waren, Brüder des Herrn genannt?" Jetzt schon sollst du vernehmen, daß dem Worte Bruder in den göttlichen Schriften vier Bedeutungen zukommen. Es bezeichnet den natürlichen Bruder, die Zugehörigkeit zu demselben Volke, die Verwandtschaft und ein auf Zuneigung gründendes Verhältnis.[178]

Insbesondere werden Neffen häufig als Brüder bezeichnet, wie Hieronymus mit Zitaten zu Abraham und Lot, Jakob und Laban beweist. Schließlich wird „auch ein auf Zuneigung beruhendes Verhältnis als Brüderschaft betitelt"[179]. Christen sind „Brüder".

Am Schluß seiner Ausführungen über den Begriff „Bruder" sagt Hieronymus, daß „Bruder" in bezug auf Jesus nur ein Verwandtschaftsverhältnis im Sinne des Alten Testaments – also Onkel und Neffe – zum Inhalt haben könne und beschimpft Helvidius:

Es bleibt also nach obiger Auseinandersetzung nur übrig, für sie das Wort Bruder als Bezeichnung der Verwandtschaft, nicht aber der Zuneigung oder der Zugehörigkeit zu einem Volke oder endlich der gemeinsamen Abstammung aufzufassen. Sie sind Brüder in dem Sinne, in welchem Lot Abrahams und Jakob Labans Bruder genannt worden sind . . .

O du dümmster aller Menschen, das hattest du nicht gelesen und dann unter Außerachtlassung der gesamten Schrift deine ganze Wut konzentriert auf die Schmähung einer Jungfrau . . .

Du aber hast den Tempel des Herrenleibes in Brand gesteckt, du hast das Heiligtum des Heiligen Geistes besudelt, aus welchem nach deiner Annahme ein Doppelpaar von Brüdern und eine Reihe von Schwestern hervorgegangen sein soll. Ja, du stimmst ein in den Ausruf der Juden: „Ist dieser nicht des Zimmermanns Sohn? Heißt nicht seine Mutter Maria, und sind seine Brüder Jakobus, Joses, Simon und Judas sowie alle seine Schwestern nicht bei uns?" *Alle* bezeichnet nur eine Menge. Wer, bitte ich dich, hat dich vor dieser Gotteslästerung gekannt? . . . Du hast erreicht, was du erstrebt hast: durch eine Freveltat hast du Berühmtheit erlangt.[180]

Schließlich faßt er zusammen und betont noch einmal die „Jungfräulichkeit" Josephs:

Daß Gott aus einer Jungfrau geboren ist, glauben wir, weil wir es lesen. Daß Maria nach der Geburt ehelichen Verkehr gepflogen habe, glauben wir nicht, weil wir es nicht lesen. Dies sage ich nicht deshalb, weil ich etwa das Eheleben verachte, denn die Jungfräulichkeit ist ja selbst eine Frucht der Ehe, sondern weil es uns nicht zusteht, über heilige Männer frevntlich zu urteilen. Wenn man aber bloße Möglichkeiten berücksichtigt, dann könnte man auch behaupten, Joseph habe mehrere Gattinnen gehabt, weil Abraham mehrere hatte, ebenso Jakob.

Von diesen stammten dann die Brüder des Herrn, eine Behauptung, die von vielen mit mehr Kühnheit als Ehrfurcht vertreten wird. Du behauptest, Maria sei nicht Jungfrau geblieben; ich gehe aber noch weiter und behaupte, auch Joseph hat jungfräulich gelebt durch Maria, damit der jungfräuliche Sohn aus einer jungfräulichen Ehe geboren würde. Wenn nämlich auf einen heiligen Mann der Verdacht außerehelichen Verkehrs nicht fallen kann; wenn ferner nicht geschrieben steht, daß er noch eine andere Frau hatte; wenn er endlich für Maria, die in der Meinung der Leute als seine Gattin galt, mehr ein Beschützer als ein Ehemann gewesen ist, dann bleibt nur übrig, daß er, der gewürdigt wurde, Vater des Herrn genannt zu werden, jungfräulich mit Maria gelebt hat.[181]

Hieronymus macht am Schluß seiner Schrift noch einmal deutlich, aus welchem Grund er die immerwährende Jungfräulichkeit Marias bewiesen hat: Sie ist notwendig für die Behauptung, daß Enthaltsamkeit das Ideal aller Menschen sein sollte, und daß – gegen Helvidius' Ansicht – der *jungfräuliche Stand höher zu bewerten sei als der eheliche.* Hierzu zitiert er ausführlich die bekannten Paulus-Stellen, vor allem 1Kor 7, und zeigt am Bild von begüterten verheirateten Frauen seiner Zeit, daß auf diese Weise ein heiligmäßiges Leben unmöglich ist.

Siehe einmal, welches Glückes sie teilhaftig wird, wie sie sogar die Bezeichnung des Geschlechtes verliert. Die Jungfrau wird ja gar nicht mehr Weib genannt. „Die nicht verheiratet ist, denkt an das, was Gottes ist, damit sie heilig sei an Leib und Geist". Der Jungfrau Bestimmung besteht darin, heilig zu sein an Körper und Geist, weil es einer Jungfrau nichts nützt, Fleisch zu tragen, wenn sie im Geiste heiratet. „Die aber verheiratet ist, ist auf das Weltliche bedacht, wie sie ihrem Mann gefalle". Kommt es etwa für dich auf das gleiche heraus, Tag und Nacht dem Gebete zu weihen und zu fasten, oder bei Ankunft des Gatten ein freundliches Gesicht zu machen, ihm entgegenzueilen, Schmeichelreden zu heucheln? Jene sinnt darauf, noch häßlicher auszusehen und die natürlichen Vorzüge zu entstellen. Diese aber schminkt sich im Spiegel, und ihrem Schöpfer zum Trotz sucht sie schöner zu sein, als die Natur es gegeben hat. Dann schwatzen die Kleinen, das Gesinde lärmt, da hängen an ihren Küssen und an ihrem Munde die Kinder, man rechnet die Ausgaben zusammen, man richtet sich auf den nötigen Aufwand ein. Hier zerhackt die geschäftige Schar der Köche das Fleisch, und eine Reihe von Weberinnen flüstert zusammen. Unterdessen trifft die Meldung ein, daß der Herr mit seinen Gästen angekommen ist. Die Herrin durchmustert nach Art der Schwalbe alle Gemächer, ob das Polster aufgefüllt und der Fußboden gescheuert ist, ob die Becher sauber sind, ob das Mahl fertig dasteht. Ich bitte dich, mir Auskunft darüber zu geben, wo bei all diesen Beschäftigungen ein Gedanke an Gott Platz hat? Und dies sollen glückliche Häuser sein! Übrigens, wo die Pauken erschallen, wo die Flöte geblasen und die Leier geschlagen wird, wo die Zimbel lärmt, was für eine Gottesfurcht wohnt da? Der Schmarotzer gefällt sich in Schmähreden; es treten ein der bösen Lust preisgegebene Opfer, welche bei ihrer dünnen Kleidung sozusagen nackt den schamlosen Blicken sich aussetzen. An diesen Dingen ergötzt sich nun die unglückliche Gattin und geht zugrunde, oder sie nimmt Anstoß daran und gerät mit ihrem Gatten in Streit. Daher kommt die Zwietracht, die Pflanzstätte der Ehescheidung.[182]

Für Hieronymus gibt es selbst in der Ehe Ausnahmen: aber nur dann, wenn die Eheleute ein heiligmäßiges Leben ohne Sexualität führen. Für solche Fälle sind Frauen sogar die geistlichen Führerinnen ihrer Ehemänner. Als Beispiel führt er Sara und Abraham an:

Die Heilige Schrift sagt: „Es ging Sara nicht mehr nach Art der Weiber". Darauf wird zu Abraham gesagt: „In allem, was Sara dir sagt, höre auf ihre Stimme". Sie, die nichts mehr zu tun hat mit den Beschwerden und den Schmerzen der Geburt, die nach Ausbleiben der Menstruation aufgehört hat, eine Frau zu sein, wird frei vom göttlichen Fluche. Sie schmachtet nicht mehr nach dem Manne, sondern im Gegenteil, der Mann wird ihr unterstellt, und ihn trifft das Gebot des Herrn: „In allem, was Sara zu dir spricht, höre ihre Stimme". Und so beginnen sie, dem Gebete obzuliegen; denn solange die eheliche Pflicht geleistet wird, leidet die Beharrlichkeit im Gebete.
Ich leugne nicht, daß unter den Witwen und unter den Ehegattinnen heilige Frauen sich finden, aber nur wenn sie aufgehört haben, Gattinnen zu sein, wenn sie selbst in der Zwangslage, die der Ehestand mit sich bringt, die jungfräuliche Keuschheit nachahmen.[183]

Und ganz besonders schlimm sind unverheiratete Frauen bestimmter Berufe dran, darüber befindet Hieronymus kurz und bündig:

Was aber deinen Einwand, es gebe auch Wirtshausjungfern, anbelangt, so kann ich dir noch mehr sagen. Unter diesen sind auch Ehebrecherinnen . . . Aber wer sieht nicht sofort ein, daß eine Kellnerin keine Jungfrau, ein Ehebrecher kein Mönch und ein Schankwirt kein Kleriker sein kann? . . . Doch ich will, um von andern Personen ganz zu schweigen, auf die Jungfrau zurückkommen, welche im Schankbetriebe tätig ist. Ich weiß nicht, ob sie dem Fleische nach Jungfrau bleibt, ich weiß aber wohl, daß sie es dem Geiste nach nicht bleibt.[184]

Wir sehen: Hieronymus ist es besonders wichtig, den jungfräulichen Stand als vorrangig herauszuheben. Die immerwährende Jungfräulichkeit Marias (und Josephs) ist das biblische Leitbild dafür. Außerdem zeigt die Schrift nebenbei in der anschaulichen und abschreckend gemeinten ausführlichen Darstellung des Lebens von Ehefrauen, welche Frauen Adressatinnen der Kirche sind: die begüterten und gebildeten, sozusagen die „bürgerlichen" Frauen der damaligen Zeit – berufstätige Frauen gibt es nur in der kurzen Negativbeleuchtung der Kellnerin, und die sind für seine Idealvorstellungen sowieso unbrauchbar.

Ben Chorin hat kurz und prägnant formuliert, was die Funktion des Marienbildes ist: ein Idealbild für Männer und ein Leitbild für Frauen.[185] Hieronymus, der Mönch und Theologe, formuliert dies Bild als Ideal für sich und andere zölibatär lebende Kirchenmänner und als Leitbild für Frauen seiner Umgebung. (Er lebte 34 Jahre lang mit seiner geistlichen Freundin Paula und deren Tochter Eustachium [sic!] in Jerusalem; die Frauen hatten in Palästina eine Reihe von Klöstern gegründet, die Hieronymus neben seiner theologisch-wissenschaftlichen Arbeit betreute.) An seinem Interesse, den Stand der Jungfrauen über den der Ehefrauen zu stellen, wird deutlich, daß Maria für Frauen eine Leitbild-Funktion haben soll.

Diesen Vorbildcharakter und die dabei besonders wichtig und notwendig für Frauen erachteten Eigenschaften beschreibt auch *Ambrosius von Mailand,* ein Zeitgenosse des Hieronymus, in seiner Schrift „Über die Jungfrauen". Er zeichnet das Bild einer tugendhaften Frau, die im Haus sitzt und liest (!), arbeitet, wenig redet, wenig ißt, trinkt oder schläft, nie ohne Begleitung das Haus verläßt, nicht für sich selber lebt, sondern für die Erlösung anderer. „So hat der Evangelist sie gezeichnet", sagt Ambrosius (kannte er vielleicht noch einen uns ganz unbekannten Evangelisten?), „und ihr Leben allein bildet die Norm für alle." Deutlicher kann man es nicht sagen.

Das Bild der Jungfräulichkeit nun sei euch das Leben Marias, aus dem wie aus einem Spiegel die Schönheit der Keuschheit und die Norm der Tugend widerstrahlt. Von da mögt ihr euch die Beispiele des Lebens nehmen! Wie in einem Musterbilde sind hier die Grundsätze der Rechtschaffenheit ausgeprägt und zeigen, was ihr noch verbessern, was ihr ausformen, was ihr festhalten sollt . . .

Jungfrau war sie nicht bloß dem Leibe, sondern auch dem Geiste nach: kein verhohlenes Buhlen, mit dem sie die Reinheit der Gesinnung verletzte. Von Herzen demütig, in Worten bedächtig, kluges Sinnes, im Gespräch mehr karg, um so eifriger in der Lesung. Nicht auf das Unzuverlässige des Reichtums, sondern auf das Gebet der Armen setzte sie ihre Hoffnung. Sie war bedacht auf die Arbeit, sittsam in der Rede, gewohnt, nicht einen Menschen, sondern Gott als Zeugen ihres geistigen Sinnes beizuziehen. Niemand beleidigte sie, meinte es allen gut, erhob sich vor älteren Personen, war gegen ihresgleichen nicht gehässig, mied eitles Prahlen, folgte der Vernunft, liebte die Tugend. Wann hätte sie auch nur mit einer Miene den Eltern wehe getan? Wann sich mit den Verwandten entzweit? Wann einen Bresthaften verlacht? Wann einen Dürftigen gemieden, gewohnt, nur solche Mannespersonen aufzusuchen, vor welchen die Barmherzigkeit nicht erröten, an welchen das Zartgefühl nicht vorübergehen brauchte? Nichts Scheeles lag in ihren Augen, nichts Freches in ihrem Benehmen. Die Haltung war nicht zu weichlich, der Gang nicht zu ausgelassen, die Rede nicht zu leichtfertig, so daß schon die äußere Erscheinung ein Abbild ihres Geistes, ein Sinnbild ihrer Tugendhaftigkeit war. Ein gutes Haus muß doch schon im Vorraum als solches sich erkennen, zum voraus beim ersten Betreten schon ersehen lassen, daß im Inneren keine Finsternis sich berge . . .

Was soll ich des weiteren auf das karge Maß ihrer Speisen, auf das überreiche ihrer (religiösen) Übungen hinweisen? Das eine überstieg die natürliche Kraft, das andere war fast kein natürliches Bedürfnis mehr. Hier lange Zwischenzeiten, dort verdoppelte Fasttage. Und wenn einmal das Verlangen nach Erquickung sich einstellte, diente meist die nächste beste Speise mehr den Tod zu verhüten, denn Genüsse zu gewähren. Das Verlangen nach Schlaf trat erst mit dessen Notwendigkeit ein. Die Seele doch blieb wach, während der Leib ruhte: sie wiederholt während des Schlafes die (Schrift-) Lesung oder unterbricht den Schlaf und setzt sie fort oder bringt gefaßte Vorsätze zur Ausführung oder gibt zum voraus neue in den Sinn.

Das Haus zu verlassen, ließ sie sich nicht einfallen, außer sie ging zum Gottesdienst, und auch das nur in Begleitung der Eltern oder Verwandten. Zu Hause in einsamer Beschäftigung, außer dem Hause in Begleitung, hatte sie gleichwohl keinen besseren Behüter über sich als sich selbst.

So hat der Evangelist sie gezeichnet, so hat der Engel sie angetroffen, so hat der Heilige Geist sie erwählt. Was soll ich bei Einzelheiten stehen bleiben? Daß die Eltern sie lieb hatten, Außenstehende voll des Lobes über sie waren? War sie doch würdig, daß Gottes Sohn aus ihr geboren wurde. Beim Eintritt des Engels ward sie zu Hause angetroffen, im inneren Gemach, ohne Gesellschafterin: niemand durfte ihre Beschaulichkeit unterbrechen, niemand sie stören; denn sie verlangte sich keine Frauen zu Gesellschafterinnen, nachdem sie gute Gedanken zu Gesellschaftern hatte. Ja sie fühlte sich gerade dann, wenn sie allein war, am wenigsten vereinsamt. Wie denn vereinsamt? Waren ihr doch so viele Bücher, so viele Erzengel, so viele Propheten zur Stelle.

So traf sie denn auch Gabriel dort, wo er sie heimzusuchen pflegte. Zwar auch vor dem Engel erbebte Maria erschrocken, weil er in Mannesgestalt eintrat, erkannte ihn aber als einen nicht Unbekannten wieder, sobald sie seinen Namen vernahm. Fremd war ihr der Mann, nicht fremd der Engel. Du magst daraus ihr frommes Ohr, ihr züchtiges Auge erkennen! Auf den Gruß endlich verstummte sie, erst auf die Anrede antwortete sie: während sich anfänglich ihr Herz einschüchtern ließ, versprach sie nachher willigen Gehorsam . . .

Und wie ging sie nicht auch alle Jahre zum Osterfesttag nach Jerusalem, und zwar in Begleitung des Joseph. Überall ist bei einer Jungfrau Züchtigkeit die Begleiterin der einzelnen Tugenden. Sie muß die unzertrennliche Gefährtin der Jungfräulichkeit sein, ohne welche die Jungfräulichkeit nicht bestehen kann. Nicht einmal zum Tempel ging daher Maria ohne einen Beschützer ihrer Reinheit.

Das ist das Bild der Jungfräulichkeit. Denn derart war Maria, daß ihr Leben allein die Norm für alle bildet. Wenn uns also die Meisterin nicht mißfällt, laßt uns auch ihr Werk billigen! Jede, die ihren Lohn sich wünscht, ahme ihr Beispiel nach! . . .

O wie zahllosen Jungfrauen wird Maria entgegeneilen! Wie zahllose in zärtlicher Umarmung dem Herrn entgegenführen mit dem Rufe: Diese hat das Lager meines Sohnes, diese sein Brautgemach in unversehrter Reinheit bewahrt. Wie wird der Herr selbst sie dem Vater empfehlen und gewiß jenes sein Wort wiederholen: Heiliger Vater, diese sind es, die ich Dir behütet habe, in denen der Menschensohn das Haupt zur Ruhe niederlegte. Ich bitte, daß, wo ich bin, auch sie mit mir seien. Doch wenn ihr Leben nicht allein ihnen frommen darf, weil sie nicht allein sich selbst gelebt haben: laß die eine den Eltern, die andere den Brüdern Erlösung bringen! Gerechter Vater, die Welt hat mich nicht erkannt, diese aber haben mich erkannt und wollten von der Welt nichts wissen . . .

Kein Zweifel nämlich, daß euch Gottes Altäre zugänglich sind! Darf ich doch getrost euren Geist einen Altar nennen, worauf täglich Christus zur Erlösung des Leibes geopfert wird. Denn ist schon der Leib einer Jungfrau Gottes Tempel, was erst ihr Geist.[186]

Auch für Ambrosius ist der Stand der Jungfrau der höchste, die sich in „unversehrter Reinheit" dem himmlischen Bräutigam Jesus aufbewahrt.

Fasten konnte übrigens bei Frauen noch einen für die „Reinheit" nützlichen Nebeneffekt haben: das Ausbleiben der Mensis. Selbst eine Jungfrau wurde durch ihre Menstruation ständig an ihre „fleischliche" Gebundenheit erinnert oder positiv: an ihre Gebärfähigkeit. Strenges Fasten unterdrückte diesen „Makel".[187]

In seinem oben zitierten Traktat geht Hieronymus noch weiter als das Protevangelium – das er übrigens als nicht kanonisch ablehnt; es widerspricht ja auch seiner Theorie vom keuschen Joseph –, indem er die Jungfräulichkeit Marias für ihr *gesamtes Leben* behauptet und dies ausschließlich mit Zitaten aus der Bibel zu belegen versucht.

Er und Ambrosius hatten die ständige Jungfräulichkeit Marias behauptet, um Jungfräulichkeit als Idealzustand für Frauen – aber auch für Männer, zumindest für Kirchenmänner – ihrer Zeit zu legitimieren. (Endgültig verbindlich wurde die Ehelo-

sigkeit für Geistliche ja erst 1075 durch päpstliches Dekret ange-
ordnet – es sollte also noch 600 Jahre dauern, bis die Vorstellungen des Hieronymus und anderer sich durchsetzen ließen – und
dann auch nur durch Kirchengesetz!)

Das Dogma von der immerwährenden Jungfräulichkeit wurde
erstmals von Papst Martin I. 649 in Rom verkündet. Dieser
Papst befand sich in heftiger Auseinandersetzung mit dem Kaiser von Byzanz – immer stärker begann Rom seinen Vorrang zu
behaupten und zur absoluten Spitze auszubauen. Die „Himmelskönigin" Maria wurde dabei als Galionsfigur benutzt und
die Kirche S. Maria Antiqua entsprechend ausgemalt (z. B. ein
Bildnis des Papstes zu Füßen der Maria). Diese Kirche war übrigens das erste Verwaltungszentrum der römischen Kirche, von
dem aus sie säkulare Aufgaben der Stadt wahrnahm.[188]

Zurück zu Hieronymus und Ambrosius:
Sie sind noch nicht an der im Protevangelium allenfalls angeleg-
ten Vorstellung von der „unbefleckten" Empfängnis des Kindes
Maria interessiert.
Theologen ihrer Zeit waren vorsichtig genug, Maria nicht allzu-
weit den Status der Göttlichkeit zuzugestehen und damit möglicherweise die Erlösung *aller* Menschen – eben auch Marias –
durch Jesus Christus zu relativieren. Auch Maria mußte unter
der Erbsünde sein, und das konnte sie nur, wenn auch sie in
Sünden gezeugt und geboren war. Allerdings ist der Keim für
mehr Göttlichkeit schon im Protevangelium angelegt. Bezüglich der Ankündigung von Marias Geburt gibt es zwei Lesarten,
von denen die weitergehende eine jungfräuliche Geburt auch
der Maria offenläßt. Joachim erfährt: „Ziehe hinab! Siehe,
Anna, dein Weib, *hat* in ihrem Leib empfangen" (oder: *wird
empfangen*", 4,2). Und weiter: „. . . Anna stand unter der
Tür, und sie sah Joachim kommen, lief alsbald herbei, fiel ihm
um den Hals und sprach: Jetzt weiß ich, daß Gott der Herr mich
(dich) reich gesegnet hat; denn siehe, ich, die Kinderlose *habe*
in meinem Leib empfangen (oder: „*werde* . . . empfangen*",
4,4).[189]

Die Lehre von der „unbefleckten" Empfängnis der Maria war vor allem notwendig nach Ausbildung der Erbsündenlehre. Die „Erbsünde" wurde als eine Art Ansteckung bei der natürlichen Fortpflanzung seit Eva weitergegeben. Maria als die „neue Eva", und entscheidend mitbeteiligt am Erlösungswerk, mußte folgerichtig davon frei sein, wenngleich diese Frage über lange Zeit theologisch umstritten war. (Die Verkündung des entsprechenden Dogmas, 1854, hat sie endgültig im Sinne der „Unbeflecktheit" gelöst, jedenfalls für die katholische Kirche.)
Augustinus als Begründer der Erbsündenlehre hat sich an diesem Punkt in bezug auf Maria nur sehr vage geäußert; er betrachtet sie als Ausnahme:

Von der ich hier aus Ehrfurcht vor dem Herrn nicht sprechen möchte, was die Frage der Sünde betrifft – denn wer mag sagen, welche Form der Gnade ihr zuteil wurde, die Sünde gänzlich zu besiegen . . . [190]

Wichtig war Augustin die jungfräuliche Empfängnis und Geburt von Jesus in diesem Zusammenhang.[191]
Ein elementares Interesse an Maria als selbst unbefleckt Empfangene und von der Erbsünde Freie hatten erst die englischen Scholastiker des 12. Jahrhunderts. Schon im 11. Jahrhundert wurde in England das Fest der Empfängnis von Maria eingeführt, und es sollte überall verbindlich sein. Ursprünglich hatten Mönche der Ostkirche, die im Zuge des Bilderstreits geflohen waren, das Fest mit anderen Marienfesten in den Westen mitgebracht, wenngleich ohne die ausdrückliche „Unbeflecktheit" und damit Befreiung von der Erbsünde. Dieses Problem brauchte die Ostkirche auch nicht zu interessieren, weil es ein von westlichen Theologen geschaffenes war. Allerdings bestritt auch der englische Scholastiker Anselm von Canterbury, daß Maria ohne Sünden gewesen sei.
1150 protestierte der glühende Marienverehrer Bernhard von Clairvaux gegen die Einführung dieses Fests in Frankreich, das zu sehr an sexuelle Vorgänge zu erinnern schien „Sollen wir glauben, daß keine Sünde darin war, wo doch Begierde zugegen

war?"[192] Das Fest setzte sich trotzdem allgemein durch und gelangte Ende des 12. Jahrhunderts nach Rom. Allerdings blieb die Annahme, Maria sei durch die unbefleckte Empfängnis von der Erbsünde ausgenommen, unter Theologen umstritten; ein Kompromiß, den auch Thomas von Aquin verteidigte, besagte, daß Maria während der Schwangerschaft ihrer Mutter sündlos wurde – das Erlösungswerk von Christus blieb damit vollkommen.

Auf die Dauer setzte sich jedoch die radikalere Lehre des Duns Scotus durch, daß Maria von ihrer Empfängnis an lebenslang von der Erbsünde bewahrt war.

Dies bekräftigte das Konzil von Trient (1545–1563), ohne allerdings die unbefleckte Empfängnis zu verkünden. Dort berief man sich auf die „Vorankündigung" der Maria, Gen, 3,15, einen Vers, der schon im 4. Jahrhundert als *„Protevangelium"* gedeutet worden war. Die – falsche – lateinische Übersetzung des Hieronymus *„sie* wird dir den Kopf zertreten und du wirst nach ihrer Ferse schnappen" wurde verbindlich für die katholische Kirche. Damit wurde auch das Motiv der „Schlangentreterin" Maria endgültig theologisch unanfechtbar. (Manche Feministinnen sehen in den Bildern von Maria mit der Schlange gern die „Große Göttin", zu der als Attribut die Schlange gehört – das Motiv bezieht sich aber meistens auf diesen biblischen Text, in dem das „Er" aus Gen 3,15 zu einer „Sie", und diese auf Maria gedeutet wurde.) Noch 1854 bei der Verkündung des Dogmas von der unbefleckten Empfängnis berief sich der Papst darauf. Das Konzil von Trient hatte die lateinische Übersetzung des Hieronymus – die Vulgata – als die einzig kanonische erklärt. Damit war auch der Streit um die *„almā"* aus Jesaja endgültig für die „Jungfrau" und gegen die „junge Frau" entschieden. (s. Abb. 19, S. 172).

Vor allem während der Gegenreformation spielt die „Immaculata", die „Unbefleckte", eine entscheidende Rolle. In der Kunst des Barock ist sie – die Jungfrau allein, ohne das Kind Jesus – bevorzugtes Bildthema religiöser Malerei des Katholizismus. Getragen wurde diese Ideologie vor allem von den Jesuiten, die sich hier im Gegensatz zu den Dominikanern (skeptisch seit der „Mittellinie" des Thomas von Aquin) befanden. Schließlich siegte die Auffassung der Jesuiten, und 1854 wurde das Dogma endgültig von Pius IX. verkündet.

Es ist interessant, daß Lehren über Maria meist zu Zeitpunkten offiziell anerkannt oder dogmatisiert wurden, in denen die katholische Kirche sich in (Legitimations-)Krisen befand: Während der Gegenreformation oder im 19. Jahrhundert, als der Widerspruch der katholischen Lehre zur Aufklärung und im Zusammenhang damit auch zur Evolutionstheorie deutlich wurde und die Kirche Wissenschaftler weder verbrennen noch zum Widerruf zwingen konnte wie noch im 17. Jahrhundert. Und im 20. Jahrhundert dient Maria als Bollwerk gegen den Kommunismus und soll die notwendige Auseinandersetzung mit dem Marxismus siegreich verhindern.

Nicht umsonst haben Pius XII. 1942 und Johannes Paul II. 1982 die gesamte Welt der Maria in *Fatima* geweiht. In Fatima soll eine Marienerscheinung drei portugiesischen Kindern 1917 (nach der Ankunft Lenins in Rußland) mitgeteilt haben: „Ich werde kommen und darum bitten, daß Rußland meinem unbefleckten Herzen geweiht wird . . . Wenn man meine Bitte befolgt, wird Rußland bekehrt werden und Friede wird herrschen. Wenn nicht, wird es seine Verirrungen über die ganze Welt verbreiten und Kriege und Kirchenverfolgungen auslösen- . . . doch schließlich wird mein unbeflecktes Herz triumphieren."[193]

Das Zitat zeigt deutlich: Maria wird für die Kriegsführung gegen den Kommunismus gebraucht, selbst wenn es heute nur eine psychologische sein sollte. Der Kommunismus ist eine „Verirrung", die sich möglicherweise schon in der Befreiungstheologie auch katholischer Theologen breit macht. Mit Maria als Gallionsfigur bekämpft die Kirche diese kriegsauslösende Verirrung.

Uta Ranke-Heinemann[194] hebt als patriarchalen Zug zölibatärer Mariologie besonders den Aspekt der Kriegsgöttin hervor und belegt dies mit historischen Beispielen.[195] So soll Pius XII. Hitlers Panzer gegen die Sowjetunion in diesem Sinne positiv gedeutet haben.

Oder ein Beispiel aus dem Vietnam-Krieg: Nachdem Nordvietnam 1954 kommunistisch geworden war, sei die Jungfrau Maria in den Süden geflüchtet. 600000 Katholiken und 75 % des nordvietnamesischen Klerus seien daraufhin in den Süden gezogen, „weil dort laut amerikanischer Propaganda die Heilige Jungfrau nach ihren Kindern im Norden weinte, die, wenn sie ihr nicht nachfolgten, die Hölle auf Erden und das ewige Feuer im Jenseits erleiden würden".[196]

Das Dogma von der „Himmelfahrt Marias" wurde in der Zeit des „Kalten Krieges" verkündet. Und schließlich ruft der polnische, antikommunistische Papst Johannes Paul II. 1987 zum Marienjahr aus: „Maria wird Rußland bekehren . . . " 1987 erinnert der Papst in seiner Marienenzyklika an die 1000jährige Taufe Rußlands 1988 und daran, daß die „getrennten Brüder" – die orthodoxen Theologen – Maria doch ebenfalls verehren.[197]

(Und so) können wir doch sagen, daß wir uns vor der Mutter Christi als wahre Brüder und Schwestern innerhalb jenes messianischen Volkes fühlen, das dazu berufen ist, eine einzige Gottesfamilie auf der Erde zu sein . . . [198]

Mir scheint für diesen Zusammenhang: Krise – verstärkte mariologische Dogmen – eine Erklärung darin zu liegen, daß *Maria schon früh eine Personifikation der Kirche war und ist.*

Maria ist in dem Augenblick ihres Ja Israel in Person, die Kirche in Person und als Person. Sie ist diese personale Konkretisierung der Kirche zweifellos dadurch, daß sie aufgrund ihres Fiat leibhaftig Mutter des Herrn wird.[199]

Katholische Theologen der Gegenwart betonen diesen Zusammenhang sehr deutlich, insbesondere seit die Lehren über Maria während des 2. Vatikanischen Konzils unter dem Oberthema „Konstitution der Kirche" eingeordnet worden sind und es nach einer knappen Abstimmung 1963 keinen eigenen mariologischen Teil mehr geben sollte. (1114 Konzilsmitglieder, angeführt durch Kardinal König, stimmten für die Einordnung unter „Kirche", 1074 sprachen sich für eine eigene Mariologie aus.[200])

Diese Einordnung erlaubt eine noch deutlichere Gleichsetzung von Maria und Kirche, die in vielen Voten zum Ausdruck kommt, besonders deutlich aber in der Marienenzyklika „Redemptoris Mater" von 1987.

Die Gleichsetzung von Maria und Ecclesia ist jedoch schon alt und wurde schon immer kirchenpolitisch benutzt.[201] Dies scheint mir ein entscheidender Grund dafür zu sein, daß Marien-Dogmen immer in Zeiten von Kirchenkrisen verkündet wurden. Damit wird an die Autorität der Kirche erinnert, ohne daß dies ausdrücklich gesagt werden muß. Die Kirche borgt sich von Maria sozusagen göttliche Autorität und die katholische Geistlichkeit ebenfalls, wenn sie sich als „Söhne" der Mutter Kirche bezeichnen. (s. Abb. 10, S. 129).

Der Titel „Mutter der Kirche" für Maria wurde von Papst Paul VI. 1964 am Ende des Konzils verkündet, er unterstreicht diese Verbindung wieder einmal.

Und wenn Johannes Paul II. 1987 zum Marienjahr ausruft, so borgt er sich damit erneut eine Autorität für „die" Kirche, die diese offensichtlich sehr nötig hat. Er erinnert in diesem Zusammenhang an das 2. Vatikanische Konzil und fährt fort:

Dieses „*Vorangehen*" als *Typus* oder *Modell* bezieht sich auf das innerste Geheimnis der Kirche, die ihre eigene Heilssendung verwirklicht und vollzieht, indem sie sich – wie Maria – die Eigenschaften *der Mutter und der Jungfrau* vereinigt. (Hervorhebungen im Original)
Sie ist Jungfrau, weil sie das Treuewort, das sie dem Bräutigam gegeben hat, unversehrt und rein bewahrt; sie wird auch selbst Mutter, weil sie . . . die vom Heiligen Geist empfangenen und aus Gott geborenen Kinder zu neuem und unsterblichen Leben *gebiert*.[202] (Hervorhebung E. S.)

Da doch die Kirche selbst das höchste Weibliche darstellt, innerhalb dessen Männer nur Funktionen haben, können Frauen eigentlich gar nichts anstreben, ebenfalls nur „Funktionen" zu übernehmen, wo sie doch schon viel mehr haben:

Diese Weiblichkeit der Kirche ist das Umgreifende, während das von den Aposteln und ihren männlichen Nachfolgern versehene Dienstamt eine bloße Funktion innerhalb dieses Umgreifenden ist. Dieses Verhältnis müßte viel mehr im Auge behalten werden, wenn heute Diskussionen über eine eventuelle Teilhabe der Frau am Dienstamt geführt werden. Tiefer gesehen würde die Frau bei einer solchen Veränderung ein Mehr um eines Weniger willen preisgeben.[203]

Das 1950 verkündete Dogma von der Aufnahme Marias in den Himmel mit Leib und Seele (wobei die Frage, ob Maria starb, klug umgangen wurde) ist eigentlich nur eine Konsequenz des Dogmas von der immerwährenden Jungfräulichkeit. Es dokumentiert im Zusammenhang Maria = Kirche erneut die herausragende Besonderheit der (katholischen) Kirche. Sicher nicht ohne Bedeutung ist die nur kurz danach verkündete Lehre von der Unfehlbarkeit des Papstes.[204]

Die Figur der Maria bekam im Laufe der Kirchengeschichte viele Akzente – ich denke, sie entsprechen (kirchen)politischen Absichten. Mit der „Himmelskönigin" durften sich die römischen Päpste zur obersten Kirchenhierarchie erklären. Auch irdische Königinnen konnten sich ihre Macht borgen, wie Blanche de Castille u. a.[205]

Abb. 10: Die Himmelskönigin und Braut Christi in einem Meer von goldenen Heiligenscheinen; die sie anbetenden Heiligen sind vorzugsweise Kirchenmänner.

Mit ihrem Bild konnten Kreuzzüge und Kriege geführt werden – im „Schutz" der Mutter und der Himmelskönigin. Ma-Donna war die ferne verehrte Herrin, die Dame auf dem Podest, die Mater dolorosa litt wie irdische Mütter um ihre Kinder – nicht zufällig wurde ihr Bild in Pestzeiten verehrt.

Die Dogmen, die Maria immer unmenschlicher und unerreichbarer machten, wurden jeweils zu Zeiten verkündet, in denen die katholische Kirche Schwierigkeiten mit realen sozialen und politischen Problemen hatte und sich in Legitimationskrisen befand.[206]

b) *Maria als Vorbild für eine bestimmte „Haltung"*
katholische Theologie der Gegenwart

Bislang habe ich ausführlich am Thema Jungfräulichkeit beschrieben, daß „gute" Frauen asexuell sein sollten. Die Keuschheit ist für die katholische Kirche sicher der zentrale Punkt der Mariologie. Wichtig sind aber noch andere Eigenschaften der Maria, die sie zum Vorbild von Frauen machen, und das sind *Demut, Gehorsam und Glaube*. Glaube ist dabei der Überbegriff, der Demut und Gehorsam in sich einschließt. Glaube ist eben nicht: neugierig sein, wissen wollen, nachdenken, zweifeln, sich einer Autorität verweigern, sondern bedingungsloser Gehorsam, und das auch nicht zähneknirschend, sondern demütig, absolut freiwillig.

Ich möchte an dieser Stelle keine Grundsatzdebatte darüber führen, was der Glaube *ist* (für mich persönlich ist Glaube nichts Statisches, sondern ein Prozeß, der Handeln einschließt und im Verlaufe eines Lebens sich sehr unterschiedlich ausdrücken kann), sondern wie „Glaube" im Zusammenhang mit Maria definiert wird.

Glaube ist danach die Haltung des demütigen Gehorsams, der nicht nach Gründen fragt, ist Hingabe und Selbstaufopferung. Das Fehlen dieser Haltung heute wird beklagt, dabei auch ein wenig selbstkritisch an die Kirche gedacht, vor allem wird aber das Emanzipationsbestreben von Frauen im Gegensatz zu dieser Haltung gesehen und bekämpft. In dieser Frage können sich katholische Theologen mit konservativen evangelischen einig wissen.

Zunächst einige katholische Zitate der Gegenwart:

Maria erscheint in ihrem gläubigen Gegenüber zum Anruf Gottes als Darstellung der zur Antwort gerufenen Schöpfung, der Freiheit des Geschöpfes, die sich in der Liebe nicht auflöst, sondern vollendet. Sie ist solche Darstellung des geretteten und frei gewordenen Menschen aber gerade als Frau, das heißt in der leiblichen Bestimmtheit, die vom Menschen unabtrennbar ist: „Als Mann und Frau erschuf er sie" (Gen 1, 27). Das „Biologische" und das Humane sind in ihrer Gestaltung untrennbar, so wie das Humane und das „Theologische" untrennbar sind. Alles dies berührt sich einerseits engstens mit den bestimmenden Bewegun-

gen unserer Zeit, widerspricht ihnen aber zugleich auch zentral. Denn wenn das anthropologische Programm der Gegenwart in einer vordem nicht gekannten Radikalität um „Emanzipation" kreist, so wird damit eine Freiheit gesucht, die auf „Sein wie Gott" (Gen 3,5) abzielt. Zu dieser Vorstellung des „Seins wie Gott" gehört aber die Lösung des Menschen von seiner biologischen Bedingtheit, von dem „Als Mann und Frau schuf er sie" . . .
Da diese biologische Bestimmtheit des Humanen in der Frage der Mutterschaft ihre am wenigsten verdeckbare Realität hat, ist eine den Bios negierende Emanzipation in besonderer Weise ein Angriff auf die Frau: die Leugnung ihres Rechts, Frau sein zu dürfen.[207]

Hier zeigt sich wieder einmal das offensichtlich unausrottbare Vorurteil, nach Emanzipation strebende feministische Frauen lehnten Mutterschaft für sich selbst und für andere grundsätzlich ab. Daß viele „emanzipierte" Frauen sehr bewußt Mütter werden oder sind, paßt nicht zu diesem Weltbild. Es scheint schwer begreifbar zu sein, daß die Annahme biologischer Mutterschaft noch nicht bedeuten muß, ein bestimmtes kulturell und vorwiegend von männlichen Interessen geprägtes Mutterbild zu übernehmen.

. . . so zeigt sich Maria gewiß als die starke Frau, die (mit den andern heiligen Frauen) an dem Schreckensort ausharrt, von dem weg die meisten Männer, die Jesu Jünger waren, geflohen sind. Man wird aber schwerlich in ihr Züge der in einem kämpferischen Sinn emanzipierten Frau entdecken, sie lebt eben völlig für den Dienst an ihrem Sohn und muß sich von ihm verfügen lassen, wie er es braucht und will. Solcher Dienst ist aber Sache aller christlichen Zeiten, wie sehr sich das Bild der Frau in ihnen auch wandeln mag.[208]
Natürlich ist für die Nachahmung des marianischen Ja nochmals ein breites Spektrum offen, da uns Maria in so vielen verschiedenen Situationen begegnet. Als die mutige Frau auf der Flucht nach Ägypten, die unscheinbar tätige Hausfrau, die im stillen Kontemplative, die, wie die Schrift zweimal betont, alle den Sohn betreffenden Ereignisse in ihrem Herzen bewahrt und hin- und herbewegt (Lk 2, 19. 51), als die Fürbitterin für die Armen, die keinen Wein mehr haben, als die das Wirken des Sohnes in seinem Amt mit sorgendem und leidendem Gebet Begleitende, als die im höchsten Schmerz zur urbildlichen Kirche Verwandelte (hier geht sie auf in der Vision der laut schreienden kreißenden Frau der Apokalypse), als die ins Beten und Tun der Kirche hinein Verschwindende.[209]

Maria ist nicht eigentlich Frau im Sinne *eigenen* Lebens: Sie ist als Mutter dem Sohn zugeordnet und wird – von seiner Macht emporgehoben – als „Jungfrau" seine Braut. (Die alte Figur der Göttin mit dem Sohn-Geliebten wird hier umgekehrt. Handelnder ist der Mann, nicht die Frau!) Maria als Mutter darf nicht aktiv und mächtig sein: Sie ist demütig und niedrig, die „Magd" des Herrn, sie hört und glaubt, sie weist auf Christus hin und vermittelt (Hochzeit von Kana), sie leidet mit und um ihren Sohn. Nach katholischer Lehre hat Maria keine Tochter und nur diesen einen Sohn. An ihr kann jeder Sohn seine Vorstellung der Beziehung von Mutter und Sohn exemplarisch nacherleben. Ein „Sohn" der Kirche kann sich auch als „Sohn" der Maria empfinden, denn Maria ist die Kirche. Nach diesem Muster kann ein Verhältnis zur „Mutter Kirche", zu Maria als Mutter und vielleicht auch ein ganz bestimmtes Verhältnis zur eigenen Mutter entwickelt werden, wobei die Sexualität der Mutter ausgeklammert werden kann. Ein Verhältnis zu einer gleichberechtigten Frau *neben* ihm läßt diese Konstellation nicht zu. Lebende Frauen können nur als Mütter oder Jungfrauen („Töchter") gedacht werden. Zur Mutter Maria kann zwar als Fürsprecherin gebetet werden, aber wirkliche Macht hat sie nicht. Macht hat der Sohn, und davon können die Söhne ihre Macht über Frauen ableiten, geistliche Frauen als „Töchter" anreden. Mütter sind demütig und leidensbereit. Sie wissen, daß ihre Söhne sich für höhere Zwecke opfern, vielleicht sogar dafür sterben müssen. Mütter opfern ihre Söhne „auf dem Altar des Vaterlandes", und darum ist es auch immer wieder nötig, opfer- und leidensbereite Mütter zu haben, die nichts für sich selber wollen oder sich gar weigern, Söhne – und Töchter – für einen sinnlosen Tod zu gebären.

Diese merkwürdige Verbindung von Mutter und Sohn, demütiger Magd und Braut, Urbild der Kirche und Vorbild für Frauen zeigt die Marienenzyklika von 1987 in all ihrer Verschlungenheit. Einige Beispiele sollen dies anschaulich machen:

Bei der Verkündigung hat Maria sich ja vollkommen *Gott überantwortet,* indem sie demjenigen „den Gehorsam des Glaubens" entgegenbrachte, der durch seinen Boten zu ihr sprach, indem sie sich ihm „mit

Verstand und Willen voll unterwirft". Sie hat also *mit ihrem ganzen menschlichen, fraulichen „Ich"* geantwortet...

Maria hat dieses *Fiat im Glauben* gesprochen. Im Glauben hat sie sich ohne Vorbehalte Gott überantwortet und „gab sich als Magd des Herrn ganz der Person und dem Werk ihres Sohnes hin".[210]

Wenn Maria *durch den Glauben* die leibliche Mutter des ewigen Sohnes geworden ist, der ihr in der Kraft des Heiligen Geistes vom Vater gegeben worden ist, wobei sie ihre Jungfräulichkeit unversehrt bewahrte, so hat sie in demselben Glauben *die andere Dimension der Mutterschaft entdeckt und angenommen,* die von Jesus während seiner messianischen Sendung offenbart worden ist. Man kann sagen, daß diese Dimension der Mutterschaft schon von Anfang an, das heißt vom Augenblick der Empfängnis und Geburt ihres Sohnes an, Maria zu eigen war. Von da an war sie diejenige, „die geglaubt hat".[211]

Im johanneischen Text hingegen zeichnet sich in der Darstellung des Ereignisses von Kana ab, was sich konkret als neue Mutterschaft nach dem Geist und nicht nur aus dem Fleisch erweist, nämlich *die Sorge Marias für die Menschen,* ihre Hinwendung zu ihnen in der ganzen Breite ihrer Bedürfnisse und Nöte . . .

Maria stellt sich zwischen ihren Sohn und die Menschen in der Situation ihrer Entbehrungen, Bedürfnisse und Leiden. *Sie stellt sich „dazwischen",* das heißt, *sie macht die Mittlerin, nicht wie eine Fremde, sondern in ihrer Stellung als Mutter,* und ist sich bewußt, daß sie als solche dem Sohn die Nöte der Menschen vortragen kann, ja sogar das „Recht" dazu hat. Ihre Vermittlung hat also den Charakter einer Fürsprache: Maria „spricht für" die Menschen . . .

Die Mutter Christi zeigt sich vor den Menschen als *Sprecherin für den Willen des Sohnes,* als Wegweiserin zu jenen Voraussetzungen, die erfüllt sein müssen, damit sich die erlösende Macht des Messias offenbaren kann.[212]

Der erste Akt der Unterwerfung unter diese eine Mittlerschaft „zwischen Gott und den Menschen", die Mittlerschaft Jesu Christi, ist die Annahme der Mutterschaft durch die Jungfrau von Nazaret. Maria stimmt der Wahl Gottes zu, um durch den Heiligen Geist die Mutter des Sohnes Gottes zu werden. Man kann sagen, daß diese ihre *Zustimmung zur Mutterschaft* vor allem eine *Frucht ihrer vollen Hingabe an Gott in der Jungfräulichkeit* ist. Maria hat die Erwählung zur Mutter des Sohnes Gottes angenommen, weil sie von bräutlicher Liebe geleitet war, die eine menschliche Person voll und ganz Gott „weiht". Aus der Kraft dieser Liebe wollte Maria immer und in allem „gottgeweiht" sein, indem sie jungfräulich lebte. Die Worte „Ich bin die Magd des Herrn" bringen zum Ausdruck, daß sie von Anfang an ihre Mutterschaft angenommen und verstanden hat als die völlige *Hingabe ihrer selbst,* ihrer Person, für den *Dienst an den Heilsplänen des Höchsten.* Und ihre ganze mütterliche Teilnahme am Leben Jesu Christi, ihres Sohnes, hat sie bis zum Schluß in einer Weise vollzogen, wie sie ihrer Berufung zur Jungfräulichkeit entsprach.

Die Mutterschaft Marias, die ganz von der bräutlichen Haltung einer „Magd des Herrn" durchdrungen ist, stellt die erste und grundlegende Dimension jener Mittlerschaft dar, welche die Kirche von ihr bekennt und verkündet . . .

Die Worte „Ich bin die Magd des Herrn" bezeugen die geistige Offenheit Marias, die auf vollkommene Weise die der Jungfräulichkeit eigene Liebe und die charakteristische Liebe der Mutterschaft in sich vereint, die so beide miteinander verbunden und gleichsam verschmolzen sind. Darum ist Maria nicht nur die „Mutter und Ernährerin" des Menschensohnes geworden, sondern auch die „ganz einzigartige hochherzige Gefährtin" des Messias und Erlösers.[213]

Hier möchte ich nur hervorheben, daß die Gestalt Marias von Nazaret schon allein dadurch die *Frau als solche* ins Licht stellt, daß sich Gott im erhabenen Geschehen der Menschwerdung seines Sohnes dem freien und tätigen Dienst einer Frau anvertraut hat. Man kann daher sagen, daß die Frau durch den Blick auf Maria dort das Geheimnis entdeckt, wie sie ihr Frausein würdig leben und ihre wahre Entfaltung bewirken kann. Im Licht Marias erblickt die Kirche auf dem Antlitz der Frau den Glanz einer Schönheit, die die höchsten Gefühle widerspiegelt, deren das menschliche Herz fähig ist: die vorbehaltlose Hingabe der Liebe; eine Kraft, die größte Schmerzen zu ertragen vermag; grenzenlose Treue und unermüdlicher Einsatz; die Fähigkeit, tiefe Einsichten mit Worten des Trostes und der Ermutigung zu verbinden.[214]

Soviel zum offiziellen Marienbild der katholischen Kirche. Sicher gibt es differenziertere Darstellungen von Theologen zum Thema, und es ist mir nicht möglich, dies erschöpfend darzustellen (z. Zt. gibt es etwa 160 Titel auf dem Buchmarkt zum Thema Maria!).

Sehr andere als die offiziellen Vorstellungen haben feministische Theologinnen entwickelt, die Maria heute neu entdecken als Identifikationsmöglichkeit von weiblicher Kraft.[215] Jungfräulichkeit wird von ihnen im Sinne von Autonomie verstanden (so wie dies bei den „alten" Göttinnen ist, wo „Jungfrau" nicht biologisch gedacht wird, sondern als unabhängig von einem [Ehe-]Mann). Von daher bedauern Theologinnen wie

z. B. *Rosemary Radford Ruether*, daß durch die Betonung der Christologie beim 2. Vatikanischen Konzil ein Stück weiblicher Dimension des Göttlichen verloren gegangen sei, das katholische Frauen trotz aller Verzerrungen evangelischen voraus hatten.

Ich bin nicht sicher, ob eine anders verstandene Mariologie Frauen in der Kirche mehr Autonomie bringt, bislang zweifle ich eher daran, will aber als evangelische Frau nicht vorschnell darüber urteilen.

Mögliche Folgen für das Selbstverständnis von (katholischen) Frauen

Nun könnten wir natürlich kopfschüttelnd die absonderlichen Gedankengänge männlicher katholischer Theologen als unbiblisch und völlig überholt beiseite tun oder uns gar nicht erst damit beschäftigen, wenn sie nicht auch heute noch traurige Konsequenzen hätten:

☐ Sie behindern den ökumenischen Dialog, indem sie über Maria den Vorrang oder Totalvertretungsanspruch der katholischen Kirche festklopfen;

☐ sie behindern die Auseinandersetzung mit den Befreiungstheologien, weil marxistische Analyse in diese Theologien einfließt und der Marxismus eine „Verirrung" ist, die von der Jungfrau Maria persönlich bekämpft wird;

☐ sie bedeuten für katholische Frauen noch immer den Ausschluß vom Priesteramt oder von der Lehre, wenn sie – wie z. B. Uta Ranke-Heinemann – Dogmen der Mariologie als unbiblische, historische, männlich-theologische Projektionen bezeichnen. Nicht einmal Ministrantinnen dürfen Mädchen sein (1981 wurden sie erneut von diesem Dienst ausgeschlossen).

☐ Das Bild der Maria als jungfräulicher Mutter stempelt „normale" Frauen zu minderwertigen. Seit Hieronymus' Zeiten haben Jungfrauen den Vorrang vor (Ehe-)Frauen (Nicht-Verheirateten ist Sex sowieso verboten). Sexualität „befleckt" und zerstört den vollkommenen Zustand der Jungfrau.

Mutterschaft gehört zwar zu Maria, und darin ist sie wiederum Vorbild für viele Frauen. Aber ihre Schwangerschaft und Geburt waren frei vom Fluch der Eva: Maria hatte weder Lust bei der Empfängnis noch Schmerzen während der Geburt, sie wurde nicht einmal durch die Geburt „beschädigt", weil sie auch während und nach der Geburt Jungfrau blieb. Ihre besondere Schwangerschaft und Geburt entwertet also die aller anderen Frauen.

□ Gleichzeitig diffamiert das Bild von der jungfräulichen Mutter aber alle *älteren* und *alten* Frauen. Maria ist nach dem offiziellen und im Bewußtsein der meisten Menschen verankerten Bild ewig jung, bestenfalls 25–30 Jahre alt. Das ist für das offizielle katholische Leitbild auch notwendig, denn eine „Jungfrau" und „Braut" von ca. 70 Jahren dürfte doch reichlich deplaziert wirken. Als Braut ihres Sohnes sollte sie tunlichst etwas jünger als er sein – die 30 also keinesfalls überschreiten.

Aber auch wir evangelische Frauen sind durch Bilder gewöhnt, uns selbst die Maria unter dem Kreuz als bestenfalls eine etwas reifere Frau vorzustellen. Es fällt uns schwer zu denken: Maria muß zum Zeitpunkt der Kreuzigung ihres Sohnes etwa 50 Jahre gewesen sein, sie war vermutlich Witwe (die Evangelien sprechen nicht mehr von Joseph, wenn sie im Zusammenhang mit dem erwachsenen Jesus seine Mutter und Geschwister erwähnen), vielleicht Großmutter.

Und wenn sie nach der Kreuzigung noch lange gelebt hat, war sie zum Zeitpunkt ihres Todes vielleicht 70 Jahre alt, eine alte Witwe.

Ein solches Frauenbild paßt aber nicht ins Konzept. Wenn schon eine weibliche Figur als Ideal und Leitbild, als Verkörperung der Kirche – dann muß sie jung und schön sein. Als Bild der doch durchaus auf ihr Alter pochenden Kirche paßt keine alte Frau, denn sie soll ja eine Braut sein, makellos, ohne Runzeln und Flecken (Eph 5, 27). Die „Makellosigkeit" der unbefleckt Empfangenen wird ja heute gern in diesem Sinne akzentuiert.[216]

Die wirkliche Mutter von erwachsenen Menschen, eine ältere oder alte Frau, die ist nicht gefragt. Idealbild ist die ewig-junge Mutter, die dem Kind – dem Sohn! –, vielleicht auch noch dem Erwachsenen die Brust reicht, die Braut und demütige Magd bleibt und, jung geblieben, den müden Krieger tröstet und beweint.

☐ Neben dem zentralen Thema *Jungfräulichkeit* sind die an Maria besonders herausgearbeiteten und in der katholischen und protestantischen Theologie als positiv weiblich beschriebenen Züge: *Glaube – Gehorsam – Demut*.

Beschrieben wird diese Dreiheit auch gern als „bedingungslose Hingabe" der „niedrigen Magd" an ihren Herrn. Es ist ein hierarchisches Modell für Frauen und Männer. Auch wenn die bedingungslose Hingabe gegenüber Gott geschieht, so wird doch das „Wesen" der Frau im Unterschied zum Mann so beschrieben. Alle Frauen sollten sich so verhalten: demütige Mägde gegenüber ihren (Ehe-)Herren, den Vätern ihrer Söhne, und „Mittlerinnen" zwischen ihren Söhnen und anderen Menschen.

2. Zum evangelischen Marienbild

Das evangelische Marienbild unterscheidet sich in bezug auf das Thema Jungfrau. Für uns ist es mehr die Mutter, wobei das exklusive Mutter-Sohn-Verhältnis im Bewußtsein der meisten nicht so deutlich ist, sondern eher die „Heilige Familie".

Das hängt mit den uns prägenden biblischen Bildern zusammen: bei Maria denken wir zuerst an *Weihnachten*. Und dabei sind die Bilder vom Stall und der Krippe meist stärker in unserm Bewußtsein als die Ankündigung der Geburt durch Gabriel oder der Besuch Marias bei Elisabeth. Natürlich sind diese Kindheitserfahrungen überdeckt; viele haben sich später herumgeschlagen mit dem Problem der jungfräulichen Empfängnis oder sich – vielleicht noch später – gefreut über die Begegnung der beiden Frauen, über das Magnifikat. Aber dahinter liegt für die meisten von uns doch das Bild von der Krippe, Maria und Joseph knien davor, die Hirten gehören dazu, Ochse und Esel und vielleicht noch die drei „Könige". Eine *Familienidylle* mit Vater-Mutter-Kind im Mittelpunkt (s. Abb. 11, S.140).

Den Text der Weihnachtsgeschichte haben wir Jahr für Jahr gehört, gemalt, gesungen, gespielt, Lukas 2 ist viel tiefer in uns als Lukas 1. Insofern prägt uns weniger das Bild von der bedingungslos glaubenden Jungfrau als das von der Mutter, die mit ihrem Mann mitzieht, keinen Platz hat, aber das Notwendige für ihr Kind tut und das Beste aus den ärmlichen Gegebenheiten macht: „Sie wickelte das Kind in Windeln und legte es in eine Krippe." Eine liebevolle Hausfrau und Mutter, um es überspitzt auszudrücken. Gehorsam und Demut stecken auch in diesem Bild, sie sind nur nicht so deutlich angesprochen wie im „Fiat" der Maria als Antwort auf die Engelsbotschaft.

Die sehr zwiespältige und eher zweifelnde und den Sohn ablehnende Frau Maria haben wir kaum zur Kenntnis genommen. Neben der Weihnachtsgeschichte kennen wir Maria noch aus der Geschichte vom 12jährigen Jesus im Tempel, der Hochzeit von Kana und unter dem Kreuz. Eine Mutter, die sich von ih-

*Abb. 11: Der evangelische Künstler der Reformationszeit, Lukas Cra-
nach, malt die „Heilige Familie": Vater, Mutter, Kind inmitten spielender
Putten, die wie eine Erweiterung der Familie wirken.*

rem großen Sohn allerhand gefallen lassen muß. Eine unbewußte Botschaft dieser Texte ist auch die:
Frauen sind nicht selbständig, sondern immer auf Männer angewiesen, Frauen vermitteln und verzeihen, sie hören zu und „bewegen in ihren Herzen".

Maria ist für evangelische Mädchen und Frauen sicher nicht Vorbild so wie für katholische. Aber das Neue Testament – oder besser der Religionsunterricht über das Neue Testament – kennt nicht viele weibliche Identifikationsfiguren; die Mutter Maria ist das unmittelbarste Angebot. Eine besonders aktive Mutter ist sie nicht, jedenfalls nicht nach unserm Bild. Eigentlich muß sie immerzu beschützt werden, erst durch Joseph, er beschützt sie vor übler Nachrede, führt sie nach Bethlehem, klopft dort an die Türen, bringt sie in Sicherheit vor Herodes nach Ägypten. Eins unserer Weihnachtslieder heißt „Joseph, lieber Joseph mein, hilf mir wiegen mein Kindelein. . ." Nicht mal das kann sie alleine!

Und nach dem Tode Jesu soll Johannes sie beschützen, oder alle Jünger zusammen. Die selbständige Frau, die allein über das Gebirge geht, ist viel weniger in unserm Bewußtsein. Und andere Frauen des Neuen Testaments sind uns auch nur in Verbiegungen nahegebracht worden: die fleißige Martha, der gesagt wird, sie soll doch lieber still zuhören, die salbende und weinende „Maria". . . D. h. unser nicht reflektiertes Bild heißt: Mutter, unselbständige Ehefrau, vielleicht noch Gemeindefrau im Kreise dominierender Jünger. Und dies ist zugleich ein Stück weit unser Bild von der Frau in der (evangelischen) Kirche.

Die „offizielle" Auslegung und der jeweilige Rückgriff von Theologen auf Lukas 1 und 2 zeigt diese Ausrichtung deutlich: Maria ist das Urbild der glaubenden Gemeindefrau. Sie ist nicht ausdrücklich asexuell, das Problem ist schlicht ausgeklammert. Sie entspricht dem evangelischen Frauenideal: sie ist eine glaubende und dienende Frau und Mutter, sie ist unpolitisch.

Mit einigen Texten aus einem Kommentar des Neutestamentlers Schmithals[217] will ich das belegen. Die Jungfrauengeburt erklärt er als ein nichtjüdisches Motiv, das als Glaubenselement vor allem für das hellenistische Judenchristentum eine Rolle spielte und deshalb von Lukas herausgearbeitet wurde. Es ist für den Messias nur ein Kennzeichen unter anderen:

Man darf sie (die Jungfrauengeburt, E. S.) so wenig wie die anderen Vorstellungen als solche zu einem Glaubensartikel erheben, sondern muß sie als einen für bestimmte frühchristliche Kreise besonders eindrücklichen Hinweis auf den eigentlichen Gegenstand des Glaubens, auf Jesus selbst als „Sohn Gottes" verstehen; sie will also wie die anderen Vorstellungen theologisch bzw. funktional, nicht biologisch verstanden werden.[218]

Vor allem von Lukas 2 her betrachtet Schmithals Maria und Joseph als die (biologischen) Eltern Jesu, die selbst nichts von der „Jungfrauengeburt" gewußt hätten.[219] Seine auf Maria bezogenen Bemerkungen betonen dafür immer wieder, daß sie das Vorbild der glaubenden Frau der urchristlichen Gemeinde sei:

. . . in der Verwirrung Marias durch die erstaunliche Anrede durch den Engel drückt sich bereits ihre Demut aus (V. 29).[220]

Die Bereitschaft der Maria, Gottes Willen an sich geschehen zu lassen, sticht . . . von dem bestraften Zweifel des Zacharias (V. 18) spürbar ab. Vielleicht liegt diesem Marienbild bereits eine vorlukanische Marienfrömmigkeit zugrunde. Jedenfalls aber zeigt Lukas sich im vorliegenden Zusammenhang zum ersten Mal als „Evangelist der Frauen", der mit größter Hochachtung von den christlichen Frauen, den Stützen der verfolgten Gemeinden seiner Zeit spricht. Maria ist für Lukas offensichtlich Urbild der glaubenden Frau (vgl. V. 45), nicht speziell Mutter des Messias, die „Gottesgebärerin".
So ist sie freilich zugleich Urbild der Glaubenden überhaupt bzw. Mutter des Glaubens gemäß dem, wie Lukas „Glauben" versteht. Glauben ist die vertrauende Ergebung in Gottes Willen und insofern in einem höchste Passivität und höchste Aktivität: denn die Passivität dem eigenen Wollen gegenüber vor Gott macht dem Willen Gottes und durch ihn Raum. . . . Mit der (orientalischen) Demutsformel „Ich bin des Herrn Magd (= Sklavin) geht die Herrlichkeit Gottes über den Menschen auf . . ."[221]

Wir sehen, Glaube ist demütige Ergebung in Gottes Willen, und dies ist gleichzeitig „Aktivität". In diesem Sinne interpretiert Schmithals auch das Magnifikat, dem er soziale oder politische Züge vollkommen abspricht:

Die erste Strophe (V. 46b–50) hat die Form eines persönlichen Dankliedes: die ihr, der demütigen Magd Gottes widerfahrene besondere Gnade, den Messias Gottes zu gebären, gilt als beispielhaft für die Barmherzigkeit Gottes . . . Die Mutter Maria ist die um ihrer Gottesfurcht willen *beispielhaft* Gesegnete . . .[222]

Zu der zweiten Strophe (V. 51–55) bemerkt Schmithals:

Ganz verfehlt wäre es anzunehmen, Lukas denke dabei an eine politische Revolution mit entsprechendem Herrschaftswechsel oder an einen sozialen Umbruch; er spricht von Gottes Heilshandeln.[223]

Maria als „Vorbild der christlichen Frau"[224] leitet er auch aus Lukas 2, 19 und 51b ab. In beiden Versen spricht Lukas davon, daß Maria sich zwar wunderte, aber „alle diese Worte in ihrem Herzen behielt". Wenn diese Verse als besonders beispielhaft für die glaubende Frau hingestellt werden, so lerne ich daraus: Die glaubende christliche Frau soll *nicht denken* und *nicht reden*, sondern hören und das Gehörte in ihrem „Herzen" (nicht in ihrem Kopf) bewegen. Es ist zwar nicht so direkt angesprochen, aber die Wortwahl legt diese Folgerung nahe: Männer haben Verstand, Frauen Gefühl.
Daneben wirkt latent die Sexualfeindlichkeit katholischer wie evangelischer Theologie – wenn auch dort subtiler – weiter und legt Frauen immer noch aufs höhere Geistliche und Asexuelle fest. Auf evangelischer Seite trägt die Verketzerung von *Elga Sorge* ähnliche Züge. Ich vermute, bei dieser Verketzerung geht es den meisten weniger um die reine Lehre als um das Bekenntnis von Elga Sorge zu einer Theologie der Zärtlichkeit und der (gleichberechtigten) Liebe, die keineswegs nur eine „Agape" ist. Selbstverständlich können wir mit ihr und untereinander argumentieren, uneinig sein über theologische Fragen, das Konzept der „Göttin" ablehnen. Aber ich glaube, zutiefst suspekt ist vielen Protestanten ihr theologisch begründetes offenes Bekenntnis zu Liebe und Sexualität. Hier denken vermutlich noch viele mit Luther: Die Schöpfung und damit die Fortpflanzung ist gottgewollt und deshalb gut – aber das Werk an sich ist böse. Und wenn man oder frau es eben doch sehr schön findet, dann gehört es sich nicht, das auch noch laut zu sagen – Hohes Lied hin oder her.

Maria: Zuschreibungen, Dogmen, Leitbilder

Textgrundlage	Leitbild – Dogma	Volksfrömmigkeit	Theologie
	JUNGFRAU		
Lukas 1, Matthäus 1,	1. jungfräuliche Empfängnis des Erlösers (Königs)	wird lokalen Göttinnen und Isis-Kult parallel gesehen	u. a. Origenes und Tertullian (ca. 200)
Protevangelium des Jakobus (ca. 150 n. Chr.) (Joh. 20, 19ff: Jesus geht durch verschlossenes Tür)	2. Immerwährende Jungfräulichkeit a) während und nach der Geburt; Brüder Jesu sind Söhne aus Josephs erster Ehe	wichtig vor allem für Eremiten, Mönche, Nonnen der Ostkirche (Legitimation ihrer Lebensweise); gnostische Gruppen	von Origenes und Tertullian abgelehnt; (gnostisch: leugnet die menschliche Natur Jesu)
Ambrosius (gest. 397), Über die Jungfrauen, II Hieronymus (ca. 400), „Über die beständige Jungfrauschaft Marias"	b) lebenslange Jungfräulichkeit; Joseph ebenfalls keusch, Brüder Jesu sind Vettern, Söhne und Töchter einer Schwester Marias		
(Protevangelium des Jakobus, einzelne Lesearten)	3. „Ewig-Jungfrau" Maria wurde selbst jungfräulich empfangen; verkündet 451, erweitert 649, Dogma von der „unbefleckten Empfängnis" 1854	im Westen unterstützt; nähert Maria einer Göttin an	antisexuelle Haltung von Ambrosius u. Hieronymus gegen Helvidius; Hieronymus betont Jungfräulichkeit als vorrangig; Jahrhunderte umstritten; Augustin u. Thomas von Aquin eher zögernd; durchgesetzt durch Jesuiten; nur in Westkirche diskutiert und anerkannt

Lukas 1, 2; Matthäus 1; u. ö. Apostelgeschichte	**MUTTER** Mutter Gottes Gottesmutter	Parallele zu lokalen Göttinnen, Isis-Kult	Ägyptische Theologie setzt sich gegen Nestorius durch, der „Mutter Christi" formuliert; Dogma wird in Ephesus verkündet
	Konzil von Ephesus 431 „Theotokos"	„Diana von Ephesus"	
Johannes 2, 5	Fürsprecherin, Mittlerin	Grenzen zur Anbetung (als Ersatzgöttin) fließend	
Justin der Märtyrer Tertullian Irenäus, Gegen die Häresien, III	**„Neue Eva"** (ungläubig – gläubig) (Israel – Ecclesia/Kirche)		allgemein anerkannt; vor allem Stichworte: „Glaube" „Gehorsam" „Keuschheit"
	Ecclesia („Mutter der Kirche", 1964)		
Lukas 1	**MAGD**	als einfache Mutter direkter Zugang – Identifikations-möglichkeit für Frauen; Trost in Pestzeiten	propagiert von Franziskus (Ideal der Humilitas) Franziskaner-Ideal

Textgrundlage	Leitbild – Dogma	Volksfrömmigkeit	Theologie
Johannes 19, 25 ff.; Lukas 2, 35	Pieta Mater Dolorosa		
	KÖNIGIN Himmelfahrt/Himmelskönigin		
Exequien der Heiligen Jungfrau (Anf. 3. Jh.)	1. Heimgang: Maria stirbt, ihre *Seele* wird in den Himmel aufgenommen „Transitus": Maria stirbt, wird von Jesus auferweckt und *leiblich* in den Himmel aufgehoben 2. Leibliche Himmel*fahrt* Dogma wird 1950(!) von Pius XII. verkündet	Legenden vor allem in Ägypten	Besonders umstritten wegen gefährlicher Nähe zu Göttinnen; von Gelasius (492–496) verdammt: Maria wäre sonst kein Mensch und nicht erlösungsbedürftig
Offenbarung 12	„Himmelskönigin" „Notre Dame" „Madonna" „Unsere (liebe) Frau"	Volk: Gnädige, barmherzige Herrin, die unabhängig von Gerechtigkeit (= Jesus) hilft; Könige und Königinnen: legitimiert Hierarchie; höfische Titel parallel zur Troubadourlyrik	nur in der Westkirche; legitimiert den Papst in Rom (6. Jh.: 1. Fresko mit Krone!); Gleichsetzung mit Ecclesia triumphans; Betonung der Macht der Kirche

Wenn unser Leitbild weniger die „Jungfrau" ist, dann ist es doch das der „Mutter". Nachdem Luther gegen die Jungfräulichkeitsvorstellungen katholischer Theologie Ehe und Mutterschaft als Schöpfungsordnung positiv gewertet hat, ist der Ehestand in der evangelischen Kirche das bevorzugte Modell. Dabei schließt dieser Stand Kinder ein, eben gemäß der Schöpfungsordnung. Frauen werden durch ihre Mutterschaft definiert – Ehefrauen ohne Kinder oder alleinlebende selbstbewußte Frauen werden auch in der evangelischen Kirche mit eher negativ getönten Gefühlen angesehen – das eigentliche Wesen der Frau zeigt sich in ihrer Mutterschaft. Und von daher bietet sich die Mutter Maria viel eher als Identifikationsfigur an als die selbständige und ein wenig anrüchige Maria Magdalena. Ihre vermutete Sexualität wird schnell in den Geruch von „Sünde" gebracht – auch heute noch wird sie mit der „großen Sünderin", die selbstverständlich eine Prostituierte gewesen sein muß, in eins gesetzt. Von Maria, der Mutter Jesu, werden solche Dinge gar nicht erst vermutet. Schmithals konstatiert z. B. erfreut, wie „dezent" Lukas über das Wie der Empfängnis Marias spricht.[225] Es ist eben besser, wenn „man" nicht darüber spricht.

C   Die Antithese Eva – Maria

Die Gegenüberstellung von Adam und Christus (als dem 2.
Adam) finden wir schon bei Paulus (vgl. Röm 5, 14.19;
1Kor 15, 22). Die weibliche Entsprechung von Eva zu Maria
wird zuerst von den Kirchenvätern des Ostens formuliert und
prägt sich dann vor allem in der Westkirche in unterschiedlicher
Schärfe im Laufe der Jahrhunderte aus. Auch wenn der Hauptakzent immer ein theologischer war – vereinfacht auf die Formel
Tod und Leben oder Sünde und Sündenlosigkeit gebracht –, läßt
sich vor allem im Westen im Zusammenhang mit der sich ent-
wickelnden offiziellen Mariologie ein zunehmend frauenfeindlicher Zug feststellen, der dem Begriffspaar Adam und Christus
nicht anhaftet. Die Polarisierung von Eva und Maria wird zugespitzt auf die Begriffe Begehrlichkeit von Fleisch und Geist einerseits und Gehorsam, Keuschheit, Demut andererseits. Be-
gehrlich dürfen Frauen nicht sein, weder körperlich noch geistig, aber gehorsam, keusch und demütig – das ist die Leitlinie
für alle Frauen –, und Maria ist das Leitbild für die gewünschten
Eigenschaften.

Maria als „zweite Eva" bietet Möglichkeiten der Parallelisierung wie der Antithese[226] zu Eva. Beides wird formuliert: in
Lehr-Texten, in der Liturgie, schließlich in Bildern. Beide
Frauen werden als *Jungfrau* und als *Mutter* einander gegenübergestellt, und diesen Begriffen werden positive und negative Eigenschaften zugeordnet. Eva ist die ungehorsame und ungläu-
bige Jungfrau, die den Tod bringt, Maria die gehorsame und

gläubige, die das Leben bringt. Als Mutter gibt Eva den Tod und die Sünde weiter – ihr erster Sohn wird ein Mörder werden. Maria dagegen ist frei von Sünden, ihr Sohn wird durch seinen Opfertod das Leben wiederbringen.

Dieses Grundmuster wird sich in unterschiedlicher Ausprägung durch die Kirchengeschichte ziehen und negatives wie positives Leitbild für Frauen darstellen.

Die „Sünde" der Eva war zunächst noch nicht so stark sexuell getönt, wenngleich dies immer wieder durchschimmert. Wichtiger schien ihr Ungehorsam gegen Gottes Wort. Erst im Zuge der sich immer stärker durchsetzenden Lehre von der – biologischen – Jungfräulichkeit der Maria bekam die Sünde Evas in der Antithese zu Maria mit der „Begehrlichkeit des Fleisches" einen sexuellen Akzent, der seitdem mit der Figur der Eva eng verknüpft ist. Wenn Tertullian den Frauen seiner Zeit vorwirft, Evas zu sein und den Tod Christi verschuldet zu haben, und dies im Zusammenhang mit der weiblichen Putzsucht tut, dann dient diese Art der Begehrlichkeit nach seiner Meinung auch dazu, sexuell attraktiver und damit für den Mann verführerisch und gefährlich zu sein, auch wenn zu seinem Kontext die Verschwendung und die Ablenkung von wichtigeren Dingen mit in diesen Zusammenhang gehört.[227]

Nachdem aber in der Westkirche – vor allem durch Hieronymus – die Jungfräulichkeit Marias vor, bei und nach der Geburt als wesentlich herausgestellt wurde, drängt sich das Keuschheitsideal immer mehr in den Vordergrund und wird Frauen als Identifikations-Ideal vorgestellt.

Selbst wenn das Dogma von der „unbefleckten Empfängnis" (allein die Wortwahl zeigt das verklemmte Verhältnis zur Sexualität und damit auch zu Gottes guter Schöpfung) erst 1854 offiziell verkündet werden sollte, die entscheidenden Weichen wurden durch Hieronymus gestellt. Das Protevangelium des Jakobus – wiewohl nicht zum biblischen Kanon gehörig und umstritten – bestimmte katholisches theologisches Denken. Keuschheit und Gehorsam waren die dem Klerus abgeforderten zentralen Tugenden, in Maria konnten sie personalisiert und auf eine höhere Ebene gehoben werden. Maria konnte gleich-

zeitig die „Kirche" sein, weil sie als „Jungfrau" auch die „Braut"
Christi war – auch dies eine Parallelisierung der „Jungfrauen"
Eva und Maria, die den ersten bzw. den zweiten Adam zum
Bräutigam hatten.

Im folgenden will ich Parallele und Antithese mit dem Schwer-
punkt Jungfrau und Mutter an verschiedenen Themenkreisen
genauer aufzeigen, beschränke mich aber auf drei wesentliche
Hauptthemen:

☐ Geburt,

☐ Verkündigung (vor allem unter dem Stichwort „Gehorsam")
und

☐ Passion (mit den Stichworten „Baum" und „Frucht").

Abb. 12:
In französischen
Handschriften wird
die „Kirche" als
Frau aus der Seiten-
wunde Jesu geboren;
auch hier ist die
„Geburt" der Eva
aus Adam die
Parallele. Die
beiden unteren
Medaillons zeigen
die „hörenden"
Jungfrauen.

I Geburt

Bei diesem Themenkreis handelt es sich nicht – wie es nahezu-
liegen scheint – um die Geburt der Kinder dieser beiden Mütter
Eva und Maria. Wichtig ist in diesem Zusammenhang die „Geburt" Evas aus der Seite Adams, die der „Geburt der Kirche"
aus der Seitenwunde Jesu am Kreuz gegenübergestellt wird.
Beim Lanzenstich des Hauptmanns am Kreuz entfließt der Seitenwunde Jesu Wasser und Blut. Beides symbolisiert zwei
Hauptsakramente der Kirche: Taufe und Abendmahl. Und insofern kann beides „die Kirche" als eine (weibliche) Person darstellen, die aus Christus geboren wird (s. Abb. 12 oben u. 13, S.
152 u. 156).
Zunächst finden wir in älteren theologischen Texten die Verbindung von Eva und Ecclesia. Eva als die aus der Seite Adams Ge-
borene ist die alttestamentliche Vor-Form der Kirche, die aus
der Seite des Gekreuzigten „geboren" wird.
So sagt eine Gemeindepredigt aus dem 2. Jahrhundert:

> Es schuf Gott den Menschen als Mann und Weib; der Mann ist Christus,
> das Weib die Kirche. Und dazu (sagen) die Bücher und die Apostel, daß
> die Kirche nicht von jetzt sei, sondern von Urbeginn.[228]

Und Tertullian:

> Wenn Adam ein Vorbild Christi war, so war der Schlaf Adams ein Bild
> des in den Tod hinüberschlafenden Christus, damit gleichfalls aus der
> Verletzung seiner Seite die wahre Mutter der Lebendigen, die Kirche,
> gebildet werde.[229]

Augustin bringt dies auf die kurze Formel „Eva aus der Seite des
Schlafenden, Ecclesia aus der Seite des Leidenden"[230] oder an
anderer Stelle:

> Die Eltern, die uns zum Tode gezeugt haben, sind Adam und Eva; die
> Eltern, die uns zum Leben zeugten, Christus und die Kirche.[231]

Adam gebar heilig die jungfräuliche Eva und gab ihr den Namen „Mutter des Lebens". Hierdurch weissagte er, daß aus ihr durch eine zweite Geburt das wahre Leben aufgehen und sie in ihrer Jungfräulichkeit den Sohn Gottes gebären werde.[232]

In diesen Gegenüberstellungen zeigt sich neben der Polarisierung von Frauen und der männlichen Inanspruchnahme des Geburtsvorgangs eine antijüdische Tendenz, die sich später noch verstärken wird, wenn Eva mit der Synagoge gleichgesetzt wird und Maria mit der Kirche (Ecclesia). Die Verschmelzung von Maria mit der Kirche entwickelt sich in der Westkirche des Mittelalters im Zuge der Brautsymbolik und der entsprechenden Auslegung des Hohenlieds.

Um dieses Gedankengang verständlich zu machen: Es gehört zu den mariologischen Vorstellungen, daß Maria mit der „Weisheit" gleichgesetzt wird, die schon von Ewigkeit her war und auf Gottes Thron saß. Die „Weisheit" ist aber auch verbunden mit Salomo, mit dem „Thron" Salomos. Und Salomo ist der Sänger des Hohenlieds und der Schöpfer des Tempels. Das Hohelied wird allegorisch gedeutet auf Jesus Christus und seine Braut – und die ist die Kirche. Außerdem ist Maria als die „neue Eva" die „Gefährtin" des „neuen Adam".

Eine ganze Reihe der im Hohenlied erwähnten Bilder finden wir im Zusammenhang mit Darstellungen der Maria oder in den ihr gewidmeten liturgischen Stücken wieder: den Thron, den Tempel, die Rose, den verschlossenen Garten, die Braut (nur eine „Geliebte" durfte es ja nicht sein – das Hohelied wird schon frühzeitig züchtig interpretiert! – s. Abb. 16, S. 164).

Der „Garten" des Hohenlieds bzw. der Maria wird parallel zum Paradiesgarten gesehen – Maria öffnet die Tür zum Paradies, die durch Evas Schuld verschlossen wurde. Gleichzeitig bedeutet der verschlossene Garten der Maria aber auch ihre Jungfräulichkeit.

Indem das Hohelied allegorisch auf Christus als Bräutigam und die Kirche als seine Braut gedeutet wurde – wie im Judentum auf Jahwe und Israel –, konnten diese Vorstellungen zusammenfließen, und zwar, daß Maria, die „Braut", zugleich die „Gehilfin" Jesu beim Heilswerk der Erlösung ist.

Ein Albertus Magnus zugeschriebener Traktat besagt zu diesem
Punkt:

Jene gebar alle zum Tode, diese zum Himmel . . .; jene war der Ursprung der Sterblichkeit, diese der Ursprung der Wiedergeburt . . .; jene
war ihrem Mann der Anlaß zum Verderben, diese dem Manne eine
Hilfe bei der Erlösung.[233]

Ich kann mir vorstellen, daß der uns so absurd anmutende Gedanke von der Mutter, die gleichzeitig die Braut des Sohnes ist,
auch davon bestimmt wurde, daß Maria zwar die „Gottesgebärerin" sein durfte, nicht aber die (womöglich ebenbürtige) Frau
Gottes, des Vaters.
Andererseits durfte sie als Frau auch nicht selbständig erschei-
nen, sondern mußte in Beziehung zu einem männlichen Wesen
gesehen werden – eben als Braut (Jungfrau) oder als Mutter.
In diesem Zusammenhang möchte ich noch einmal daran erinnern, daß die Jungfrau-Mutter mit ganz anderem Akzent eine
altbekannte Figur war: Viele alte Kulte verehrten die große
Göttin, die Jungfrau und Mutter war. Allerdings bedeutet
„Jungfrau" im Kontext dieser Kulte eine vom Mann unabhän-
gige Frau, keine Jungfrau im biologischen Sinne. Im Unterschied zu jüdischer und christlicher Theologie ist diese Göttin
die Handelnde, Selbständige. *Sie* erwählt den Sohn zum Geliebten, wird Mutter, beweint den Getöteten und wird im Jahres-
kreislauf im Frühling als Jungfrau erneut den Geliebten (Sohn)
erwählen.[234]
Wieweit die Kirchenväter bei der Entwicklung der Mariologie
diese Figur der Jungfrau Mutter benutzt und (bewußt) in ihr Gegenteil verkehrt haben, wäre sicher feministischer Forschung
wert. Zweifellos mußten sie bei der Ausformung ihrer Lehre
von Maria ständig gegen die große Göttin ankämpfen – nicht
umsonst ging der Streit um die Theotokos und wurde ihr Titel
gerade in Ephesus verkündet! Immer wieder mußte gegen den
Volksglauben angekämpft werden, die in Maria eine neue
große Göttin sehen wollten.
Eine Göttin aber durfte Maria nicht werden, auch darum mußten die „gefährlichen" Züge der großen Göttin – Sexualität und

Tod – von der offensichtlich notwendigen weiblichen Identifikationsfigur abgespalten werden. Die alte Göttin wird geteilt und damit unschädlich gemacht: hier Eva, die Böse und Gefährliche – da Maria, die gehorsame Magd.

Ich vermute, die Verbindung von (immerwährender) Jungfrau und Mutter zugleich erlaubt(e) männlichen Theologen, die reale Welt der Frauen auszuklammern und ein im Grunde infantiles Denken beizubehalten. „Man" hat ja eine Mutter,

Abb. 13: Der „Geburt" der Kirche bei der Kreuzigung – aus der Seitenwunde Jesu fließen Wasser und Blut (Symbole von Taufe und Abendmahl) – wird die „Geburt" Evas aus Adam gegenübergestellt.

möchte aber nicht allzu intensiv über ihre Beziehung zum Vater nachdenken, um ihre Liebe nicht teilen zu müssen. Auch die eigene Mutter soll in gewisser Weise „heilig" sein, darf ebensowenig wie eine andere Frau begehrt werden. Die jungfräuliche Mutter Maria hilft psychologisch, den Zölibat leichter zu ertragen.

Es scheint mir doch beachtenswert, daß die Auslegung des Hohenlieds als alttestamentlicher Vorwegnahme der Liebe des Bräutigams Jesus Christus zu seiner Braut Maria von Männern in einer Zeit formuliert wurde, in der der Zölibat bereits päpstliche Vorschrift war. Die glühende Marienverehrung und die ausführliche Auslegung des Hohenlieds auf sie hin durch Bernhard von Clairvaux z. B. scheint mir darauf hin zu deuten, daß dies als eine Möglichkeit gesehen wurde, die verbotene Sexualität in anderer Form auszuleben. Ähnlich interpretiere ich umgekehrt die mystischen Schriften von Nonnen und Beginen des Mittelalters, die sich die Umarmung durch ihren Bräutigam Jesus Christus sehr plastisch ausmalten, wie z. B. Mechthild von Magdeburg. Da Sexualität aber verboten war, mußte sie abgespalten werden und wurde – im Gegensatz zur erlaubten Liebe zu Maria – in Eva personifiziert.

In Bildern taucht die Vorstellung von der „Geburt" der Kirche und ihrem Vorbild im Alten Testament unterschiedlich auf: Zeigen frühe Darstellungen noch den Lanzenstich „historisch" – indem Wasser und Blut aus der Wunde fließt – und stellen den Zusammenhang über einen beigefügten Text her, so können spätere Illustrationen die Figur der Ecclesia direkt aus der Seitenwunde „geboren" werden lassen. Etwa im 13. Jahrhundert waren bestimmte „Bildprogramme" so bekannt, daß sie auf Texterklärungen verzichten konnten. Die Kreuzigungsszene mit der Figur der Kirche steht im Zentrum des Bildes. Als alttestamentliche Parallele ist die Erschaffung der Eva aus Adams Seite danebengestellt. Im frühen Mittelalter wurde die Bibel grundsätzlich so erklärt, daß das Neue Testament sich im Alten schon vorfinde – es gab Bildprogramme, die festgelegt waren und die über Jahrhunderte hinweg tradiert wurden. Die Vor-

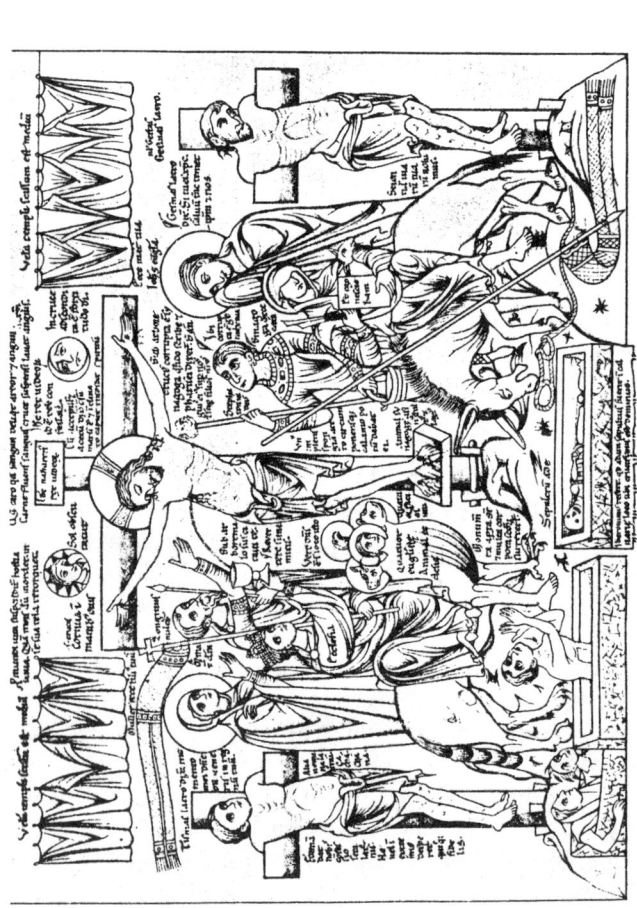

Abb. 14:
Herrad von Landsberg
zeigt in ihrem „Paradies-
garten" Ecclesia-Maria links
neben dem Gekreuzigten
auf einem Tier, das die
Evangelisten symbolisiert,
rechts die blinde Synagoge-
Eva auf einem Esel.

stellung von der „Gehilfin" beim Heilswerk der Erlösung erlaubte einerseits die Gleichsetzung von Maria und Kirche und wies andererseits gleichzeitig auf die „Gehilfin" des ersten Adam zurück (s. Abb. 12 u. 13, S. 152 u. 156).

In manchen Kreuzigungsbildern finden wir ein noch weiter zugespitztes antijüdisches Eva-Maria-Programm: zu Linken des Kreuzes Maria/Ecclesia, gelegentlich auf einem Tier, das aus Löwe, Adler und Stier zusammengesetzt ist, zur Rechten Eva/Synagoge auf einem Ziegenbock.

Diese antijüdische Zuspitzung finden wir im Westen in der karolingischen Theologie und in entsprechenden Bildprogrammen. Ein Beispiel ist der „Hortus deliciarum" der Herrad von Landsberg. Herrad, Äbtissin des Klosters auf dem Odilienberg, hatte um 1175 zur Belehrung und Erbauung der Nonnen ein theologisches Werk anlegen lassen, das biblische und theologische Texte enthielt. Die Handschrift war reich illuminiert und die erhaltenen Teile einer Kopie (das Original verbrannte 1870 im deutschfranzösischen Krieg) geben Aufschluß über Leben, Kleidung, Spiele – aber vor allem auch über die theologischen Vorstellungen – des 12. Jahrhunderts.

Herrad benutzte in ihrem Hortus die Methode der Gegenüberstellung von Texten aus dem Neuen mit solchen aus dem Alten Testament. Zur Erklärung der Bilder sind sogenannte „Tituli" beigefügt, sozusagen die „Sprechblasen" mittelalterlicher Bilder – falls die gewünschte Tendenz, die aus den Bildern ablesbar sein sollte, nicht ohne weiteres einsichtig war. Herrad stellt „Ecclesia" und „Synagoge" (Eva) neben dem Kreuz auf. Die Blindheit der Synagoge ist hier noch durch einen Schleier gezeigt, später wird es die Augenbinde sein (s. Abb. 14, S. 158).

Diese Vorstellung geht möglicherweise auf einen Text Ephraems des Syrers zurück „Zwei Augen hat die Menschheit: Eva, das linke Auge ist blind, Maria, das rechte, voll des Lichts."[235] Den pädagogischen Wert von Bildern hatte um 600 Gregor der Große empfohlen. Speziell dem ungebildeten Volk, das nicht lesen konnte, sollten Bilder zeigen, wie die Menschen sein oder was sie tun sollten.

Gregor schreibt an den Bischof von Marseille:

Was denen, die lesen können, die Bibel, das gewährt den Laien das Bild beim Anschauen, die als Unwissende in ihm sehen, was sie befolgen sollen, in ihm lesen, obwohl sie die Buchstaben nicht kennen, weshalb denn das Bild für das Volk vorzüglich als Lektionar dient.[236]

Das ist eine völlig andere Einstellung zum Bild, als sie von der Ostkirche, z. B. von Basilius dem Großen, formuliert wurde. Dort steht die Verehrung des oder der *Abgebildeten* im Mittelpunkt:

. . . denn die dem Bild gewährte Ehre geht auf das Abgebildete über, und wer das Bild verehrt, verehrt in ihm das dargestellte Wesen.[237]

Die Betrachtung von Bildern ist damit mehr ein mystisches Erlebnis und zielt weniger auf eine pädagogische Nutzanwendung im täglichen Leben. In den Bildern religiöser Kunst des Westens stand dagegen die *Belehrung* im Vordergrund, Bilder sollten Leit-Bilder sein, die Betrachtenden sich entsprechend verhalten. Gerade wenn wir davon ausgehen, daß die Mehrheit der Menschen nicht lesen konnte und ihnen die Texte der Bibel verschlossen blieben (zusätzlich noch durch die lateinische Sprache, denn Übersetzungen in die Landessprache waren verboten), konnte durch Bilder die Ansicht offizieller Theologie verbreitet werden. Biblische Texte wurden in ganz bestimmter Weise interpretiert, und nur diese war den meisten Menschen zugänglich. Wie wichtig den herrschenden Theologen es war, daß nur die von ihnen genehmigte Interpretation auch in Bildern zum Ausdruck kam, zeigt z. B. die Tatsache, daß es für eine zu malende Bildergeschichte genaue Textbücher gab, nach denen die Malenden sich zu richten hatten.[238]

II Verkündigung

Am Thema „Verkündigung" konnte der Gegensatz der beiden Frauen besonders deutlich herausgearbeitet werden. Eine Reihe von Beziehungsmöglichkeiten ließ sich konstruieren, die sich um die Stichworte Unglaube und Ungehorsam bzw. Glaube und Gehorsam herum gruppieren ließen (s. Abb. 15–20 auf den folgenden Seiten).

Zunächst gab es da die Gemeinsamkeit von zwei *„Jungfrauen"*. Dazu bemerkt *Irenäus von Lyon* (ca. 178):

Demgemäß wird auch die Jungfrau Maria gehorsam erfunden, indem sie spricht: „Siehe, ich bin deine Magd, o Herr, es geschehe mir nach deinem Worte". Eva aber, die ungehorsame, gehorchte nicht, als sie noch Jungfrau war. Wie jene den Adam zum Manne hatte, dennoch aber Jungfrau war – beide nämlich waren nackt im Paradiese und schämten sich nicht, da sie, eben erst erschaffen, von der Kindererzeugung noch nichts verstanden; sie mußten nämlich erst heranwachsen, ehe sie sich vermehrten – und durch ihren Ungehorsam für sich und das gesamte Menschengeschlecht den Tod verschuldet hat: so hatte auch Maria ihren vorbestimmten Mann und war dennoch Jungfrau und wurde durch ihren Gehorsam für sich und das gesamte Menschengeschlecht die Ursache des Heils. Deshalb nennt das Gesetz sie, die mit einem Manne verlobt war, obwohl sie noch Jungfrau war, die Gemahlin des mit ihr Verlobten, und bezeichnet damit den Kreislauf von Maria zu Eva, weil nur dadurch das Gebundene gelöst wurde, daß die Bänder der Knoten zurückgeschlungen wurden. So werden die ersten Knoten durch die zweiten gelöst, und die zweiten befreien die ersten. So kommt es, daß die erste Schlinge von dem zweiten Knoten aufgezogen wird, der zweite Knoten die Lösung des ersten bewirkt... So wurde auch der Knoten des Ungehorsams der Eva durch den Gehorsam Mariens gelöst; denn was die Jungfrau Eva durch ihren Unglauben angebunden hatte, das löste die Jungfrau Maria durch ihren Glauben.[239]

Adam wird eher entschuldigt als Eva. Ihm billigt Irenäus „Reue" zu, und er tut auch gleich Buße, indem er seine Nacktheit durch besonders stachlige Blätter bedeckt, die gleichzeitig den „Bösen Trieb" eindämmen sollen – der Südenfall läßt sexuelle Lust aufkommen!

Bei Adam aber ist nichts Derartiges geschehen, sondern alles verhielt sich umgekehrt... Die Erkenntnis seiner Übertretung aber bewirkte die Reue, und den Reumütigen schenkt Gott seine Gnade. Nämlich gleich bei der Tat zeigt er durch die Schürze seine Reue, indem er sich mit Feigenblättern bedeckte. Es gab ja auch viele andere Blätter, die seinen Körper weniger gestochen hätten. Dennoch machte er sich gerade ein Kleid, das seinem Ungehorsam angepaßt war. Da er durch die Furcht Gottes erschüttert war und den ungestümen Angriff des Fleisches zurückdrängen wollte – denn nun hatte er seinen kindlichen Charakter und Sinn verloren und war auf bösere Gedanken gekommen – so legte er sich und seine Frau den Zügel der Enthaltsamkeit an, weil er Gott fürchtete und seine Ankunft erwartete. Damit wollte er gleichsam kundtun: Das Gewand der Heiligkeit, das ich vom Geiste hatte, habe ich verloren, und erkenne nun, daß ich ein solches Kleid verdiene, das

Abb. 15:   Maria hört und gehorcht;
Eva hört und ist ungehorsam.

keinerlei Ergötzung bietet, sondern das Fleisch beißt und kratzt. Und dieses Kleid hätte er, um sich zu demütigen, fortan getragen, wenn nicht Gott in seiner Barmherzigkeit sie mit Tierröcken statt der Feigenblätter bekleidet hätte.[240]

Denn als Jungfrau und Unversehrte empfing Eva das Wort von der Schlange und gebar Ungehorsam und Tod. Maria aber, die Jungfrau, empfing Glauben und Freude, als ihr der Engel Gabriel die frohe Botschaft brachte. . . . Und sie antwortete: „Mir geschehe nach deinem Wort."[241]

Auch die *Begrüßung* der Maria durch den Engel bot die Gelegenheit einer Gegenüberstellung: Hier Ave – da Eva. Ohne Rücksicht auf die Überlegung, daß diese Sprachspielerei ja nur dank zweier verschiedener Sprachen betrieben werden konnte, wurde dieser gottgegebene Gegensatz, der durch einfache Umkehrung entstand, in theologischen und liturgischen Texten bemüht, taucht in Gebeten und Liedern auf. Selbstständlich konnte diese Antithese nur sich entwickeln und erhalten bleiben, wenn allein die lateinische Bibelübersetzung die anerkannte war – nur in dieser Sprache sagte Gabriel „Ave Maria". In dem Hymnus „Ave maris stella" – bezeugt seit dem 9. Jahrhundert und seitdem durch die Jahrhunderte an Marienfesten gesungen – taucht diese sprachliche Umkehrung schon früh auf:

Ave maris stella	Sei gegrüßt, Stern des Meeres,
Dei Mater alma,	erhabene Gottesmutter
Atque semper Virgo,	und dennoch stets Jungfrau,
Felix caeli porta.	du glückliche Himmelspforte.
Sumens illud Ave	Die du jenes Ave annimmst
Gabrielis ore,	aus Gabriels Mund,
Funda nos in pace,	gründe uns in Frieden,
Mutans Evae nomen.	den Namen Evas wendend.[242]

Ein weiteres Beispiel ist das Lied des Spaniers Alfonso del Sabio (s. Abb. 16, S. 164):

Denn Eva nahm uns	Eva ließ uns die Liebe Gottes
das Paradies, und Gott legte	und das Heil verlieren,
für uns das Ave dort hinein;	und darauf machte Ave
deshalb, meine Freunde,	dies rückgängig; und deshalb
besteht zwischen Ave und Eva	besteht zwischen Ave und Eva
ein großer Gegensatz.	ein großer Gegensatz.

Abb. 16: Illustration zum Lied Alfonso des Sabios: die Antithese in ver-schiedenen Szenen.

Eva warf uns	Eva verschloß uns
in den Kerker des Teufels,	die Himmel ohne Schlüssel,
und Ave holte uns dort heraus;	und Maria zerbrach die Tore
und aus diesem Grunde	durch das Ave.
besteht zwischen Ave und Eva	Zwischen Ave und Eva besteht
ein großer Gegensatz.	ein großer Gegensatz.[243]

Wie selbstverständlich das Wortspiel gebraucht wurde, zeigt auch eine kurze Bemerkung im „Hexenhammer" von 1487:

Denn mögen auch die Schriften im Alten Testament von den Weibern meist Schlechtes erzählen, und zwar wegen der ersten Sünderin, nämlich Eva und ihren Nachahmerinnen, so ist doch wegen der späteren Veränderung des Wortes, nämlich Eva in Ave, im Neuen Testamente, und weil, wie Hieronymus sagt: „Alles was der Fluch der Eva Böses gebracht, hat der Segen der Maria hinweggenommen" – daher über sie sehr vieles, und zwar immer Lobenswertes zu predigen.[244]

Zum Vergleich bieten sich auch die Gesprächspartner der beiden Frauen an – hier der Engel, da der Satan. Nun können die Frauen ja nicht eigentlich für diejenigen verantwortlich gemacht werden, die sie besuchen. Trotzdem werden sie ihnen als jeweils gegensätzlich zugerechnet aus der Art ihrer Reaktion.

Das ist zunächst einmal das *Hören*. Maria hört eine gute Botschaft, der sie natürlich gehorcht ohne weitere Diskussion, bis auf eine schüchterne Frage ihrerseits. Eva hört zwar ebenfalls, sie hört aber eine böse Botschaft. Sie glaubt und gehorcht nicht, weder Gott noch der Schlange. (Sie zweifelt und probiert selber...) Sie nimmt den Apfel, der ihr und allen Menschen den Tod bringt. Übertragen wird daraus: Ihre „Frucht" ist der Tod, Marias (Leibes-) „Frucht" das Leben. Dieses mit dem Apfel verbundene Motiv soll im Zusammenhang der Passion näher dargestellt werden.

Maria *„empfängt durch das Ohr"*. Daraus konnte gleich noch eine spezielle Erklärung der jungfräulichen Empfängnis und Geburt abgeleitet werden – die Gebärmutter war ja nicht betroffen!

Wieso aber wurde Christus vom Apostel Adam genannt, wenn seine Menschennatur nicht von der Erde stammte? Auch hier ist ein Grund zuhanden. Gott hat sein Bild und Gleichnis, das vom Teufel gefangen war, durch einen gleichartigen Streich zurückerobert. Jungfrau war Eva noch, als das todbringende Wort sich bei ihr einschlich; in eine Jungfrau mußte darum in gleicher Weise das lebenbringende Wort Gottes eindringen, damit, was durch das Weibsgeschlecht zugrunde gegangen war, durch dasselbe Geschlecht wieder zum Heil geführt wurde. Es glaubte Eva der Schlange, es glaubte Maria dem Gabriel. Was jene glaubend verbrochen, hat diese glaubend wiedergutgemacht.[245]

Wir sprachen bis jetzt von der ersten Beschneidung, wie sie die Juden haben; nun noch ein kurzes Wort über die zweite Beschneidung, die da die unsrige ist. Sie besitzt soviel Macht, daß sie von einer Frau ihren Anfang nimmt, was der früheren unmöglich war. Ja von dem Weibe, das zuerst gesündigt hatte, geht auch das Heilmittel dieser Beschneidung aus. Weil der Teufel mit seiner Überredung durch das Ohr in Eva sich eingeschlichen, sie verwundet und getötet hatte, darum trat auch Christus durch das Ohr in Maria ein und schnitt alle Laster des Herzens aus. Indem er von einer Jungfrau geboren ward, heilte er die Wunde des Weibes. Hier habt ihr das Zeichen des Heiles! Auf die Schwächung folgte die Unversehrtheit, auf die Geburt die Jungfräulichkeit. In ähnlicher Weise wird Adam durch das Kreuz des Herrn beschnitten. Und weil durch das Weib, das allein den verhängnisvollen Baum berührt hatte, beide Geschlechter den Tod überkommen hatten, darum empfing im Gegensatz dazu durch den Mann, der am Holze hing, die ganze Menschheit wieder das Leben. Und damit der ursprüngliche Zustand wieder vollständig hergestellt erscheine, wurde zuerst der Mann am Kreuz durch den Tod zur Vollendung gebracht; und nachdem er selig entschlafen war, wurde in ähnlicher Weise aus seiner Seite zwar nicht eine Rippe herausgenommen, aber durch den Lanzenstich entstieg ein Strom von Wasser und Blut, die da Taufe und Martyrium bedeuten, der geistige Leib der geistigen Frau, damit in gesetzmäßiger Weise Adam durch Christus, Eva durch die Kirche wiederhergestellt würde.[246]

Wir haben an einzelnen Texten schon gesehen: Am wichtigsten ist Theologen die Aussage, daß Eva durch ihren Ungehorsam den Tod brachte, Maria durch ihren Gehorsam das Leben. Von daher ist die Gegenüberstellung von Verkündigung und Sündenfall die beliebteste und variantenreichste in Texten, Plastiken, Miniaturen, Glasfenstern und Tafelbildern über viele Jahrhunderte, auch bei protestantischen Malern wie z. B. Cranach. Guldan beschäftigt sich ausführlich mit den verschiedenen Motiven, mit geographischen Besonderheiten, Veränderungen der einzelnen einander zugeordneten Elemente oder der Stilrichtungen.[247] Dazu gehört auch eine Form der Abschwächung durch stärkere Historisierung: Hatten frühe Maler und Malerinnen die Szenen von Verkündigung und einzelnen Teilen aus der Sündenfallgeschichte noch unverbunden nebeneinandergestellt oder durch Textrollen miteinander verbunden, so versuchen Künstler des 15. Jahrhunderts den historischen Zeitraum sichtbar zu machen, der zwischen den beiden Frauengestalten liegt. Auf niederländischen Tafelbildern z.B. wird Maria die Geburt ihres Sohnes in einer Kirche angekündigt (das Motiv der Verkündigung in einer Kirche ist älter, und als Hinweis darauf gemeint, Maria als Symbol für den Tempel zu sehen – als das „Haus" Gottes), die nun als romanische oder gotische Kathedrale dargestellt ist. An einem Pfeiler dieser Kirche ist als Erinnerung an den alten Zusammenhang eine Darstellung aus den Sündenfallszenen gemalt.[248]

In früheren Zeiten ist die Gegenüberstellung noch direkt und die Programmatik deutlich. Besonders eindrücklich sind die Bronzetüren am Dom von Hildesheim. Bischof Bernward hatte sie in Auftrag gegeben, 1015 wurden sie gegossen. Hier wird Ungehorsam, Unglaube und Tod auf der einen, Gehorsam, Glaube und Leben auf der anderen Seite in einzelnen Szenen gegeneinandergestellt[249] (s. Abb. 17, S. 168).

Die Verkündungszene können verschiedene Szenen der Sündenfallgeschichte zugeordnet werden:
☐ das Gespräch Evas mit der Schlange
☐ der eigentliche „Sündenfall": Pflücken und Essen der Frucht
☐ die Vertreibung aus dem Paradies

Den meisten von uns ist bei der Betrachtung von Skulpturen an Kirchenportalen oder von Altarbildern nicht klar, daß Verkündigung und Sündenfall einander zugeordnet sind. Und schon gar nicht können wir diesen Zusammenhang erkennen, wenn er nur noch durch Details deutlich gemacht wird, die aber für die Betrachtenden der früherer Zeiten die Antithese verdeutlichten.

Dazu gehört z.B. die *Schlange*. Eine nackte Frau mit Schlange

Abb. 17: Bildprogramm Bernwards von Hildesheim an der Bronzetür des Doms.

wird noch leicht mit Eva identifiziert, auch wenn wir nicht wissen, daß und warum sie Maria zugeordnet ist. Auch die verschärfte Form von „Frau Welt", deren Rücken aus Schlangen besteht und die sich mit dem Satan unterhält, nehmen wir als eine ins Böse gewendete Eva hin. Wenn aber die Schlange unter dem Fuß der Maria auftaucht, ist uns der Zusammenhang nicht mehr klar. Zwar kann sich die schlangentretende Maria auch direkt auf Gen 3,15 beziehen, und dann ist entsprechend der katholischen Bibelübersetzung gemeint: *„Sie* wird dir den Kopf zertreten"[250] (s. Abb. 19, S. 172).

Gelegentlich hat die Schlange jedoch einen weiblichen Kopf oder einen Apfel im Mund – und dies weist sie dann direkt als Eva aus: Eva *ist* die Schlange. Sie wurde nicht nur verführt, sie verführte auch ihrerseits und brachte dadurch den Tod in die Welt. Und Maria triumphiert über sie, die Todbringerin.

Rupert von Deutz läßt in seiner Auslegung des Hohenlieds Jesus als den „Bräutigam" sagen:

Denn Eva ist meine Feindin, ist ihrem Mann eine Viper, sich selbst eine schimpfliche Schmach: eine Feindin wegen ihres Stolzes . . . , eine Viper wegen ihrer Hinterlist . . . , eine Schmach wegen ihrer Lüsternheit . . . ; du aber bist meine Freundin durch die Demut, bist meine Taube durch die Liebe, meine Schöne durch die Keuschheit . . . , komm also, Maria, komm, denn Eva flieht in ihre Schlupfwinkel . . . ; komm und zertritt das Haupt der Schlange.[251]

Vor allem in französischen Kathedralen finden wir den Sieg der Maria über Eva dargestellt: Eine kleine Frauengestalt, ein Kopf oder eine Schlange unter dem Fuß oder Sockel der großen Marienfigur. Aber auch die Tafelmalerei kennt diese Form des Unter-Liegens[252] (s. Abb. 18, S. 169).

Aus dem Frankreich des 13. Jahrhunderts stammt auch die Idee, der Schlange einen weiblichen Kopf zu geben; durch diese Verdoppelung in Sündenfall-Szenen wurde deutlich gemacht: Die Frau ist die Verführerin. Die Schlange mit dem Mädchenkopf wurde danach von vielen Künstlern übernommen. So gibt z. B. Michelangelo der Schlange in seinem Fresko in der Sixtinischen Kapelle ein Frauengesicht.[253] Aber auch in vielen Holz-

Abb. 18: Eva mit Schlange und ihrer „Frucht" unter den Füßen Marias mit ihrem Kind.

schnitten der Reformationszeit finden wir die Schlange mit einem Frauenkopf (s. Abb. 7 u. 22, S. 62 u. 180).

Zwar stammt der Marienkult aus der Ostkirche und mit ihm auch frühe Gegenüberstellungen von Maria und Eva. Eva wird dort als diejenige dargestellt, durch deren *Schuld* der *Tod* in die Welt kam; sie wird aber kaum von Adam losgelöst.

Wesentliche Zielvorstellung in der Ostkirche ist dabei die positive der *Versöhnung:* Christus erlöst auch Adam und Eva. Dargestellt ist diese Erlösung im Zusammenhang der Höllenfahrt und Auferstehung – nicht der Kreuzigung. Zentrale und handelnde Figur ist immer Christus, der Adam aus der Tiefe führt. Eva folgt ihrem Mann, und Maria ist bei der Erlösung zugegen. Aber niemals konzentriert sich das Geschehen auf die beiden Frauen allein, sie bekommen kein Eigengewicht, wie dies in der westlichen Theologie – in Liturgie und Bildwerken – der Fall ist und zu einer immer stärkeren Polarisierung der beiden Frauen ausgearbeitet wird.

Ikonen der Ostkirche haben in der Gegenüberstellung m. W. nur dieses eine Motiv, und wichtig scheint mir daran:

☐ dargestellt werden jeweils die beiden Paare – Christus als der „neue Adam" und Maria als die „neue Eva" neben den Ur-Eltern;

☐ die Bildaussage ist eine „positive", indem sie den Sieg des Guten über das Böse zeigt, aber ich denke, hier ist ein entscheidender Unterschied: Der „Sieg" wird als Zerstörung dargestellt, hat militante Züge.

Die über die Schlange siegende Maria taucht auch in den päpstlichen Verlautbarungen zu Maria auf.

Die triumphierende Kirche stellt sich in Form der siegenden Maria dar, die den Feind – die Gegnerin – unter ihre Füße tritt. Nicht umsonst haben die katholischen Theologen am – falschen – „ipsa" aus der Übersetzung des Hieronymus festgehalten[254] (s. Abb. 19, S. 172).

Mir scheint es kein Zufall, daß diese militante Maria im Frankreich des 13. Jahrhunderts an den großen Kathedralen auftaucht: In diesem Jahrhundert fanden in Frankreich die großen Ketzerverfolgung gegen die Katharer statt – die Kirche stellt

*Abb. 19: Titelbild der päpstlichen Enzyklika über die „Unbefleckte Emp-
fängnis": Die Schlange unter den Füßen deutet hier auf das „Protevangelium" aus Gen 3.*

sich als Siegerin über den Unglauben dar. (Übrigens waren bei den Katharern Frauen als [fast] gleichberechtigt in geistlichen Funktionen anerkannt; auch dies wird mit ein Grund gewesen sein, sie auszurotten.)

Das Bild der schlangentretenden Maria ist mehrdeutig. Wenn die Schlange jedoch mit einem Frauenkopf dargestellt wird oder nur ein Frauenkopf und zusätzlich der Apfel bei Schlange oder Frau unter den Füßen Marias auftaucht, dürfte es sich eindeutig um den Sieg der Maria über Eva handeln – den Sieg des Glaubens über den Unglauben.

Das Pflücken und Essen der Frucht findet sich auch im Zusammenhang der Kreuzigungsszene, denn die „Frucht" Marias kann sowohl das *Kind* als der *gekreuzigte* Jesus sein.

Ebenfalls taucht die *Vertreibung aus dem Paradies* bei Verkündigungs- wie bei Kreuzigungsbildern auf. Das Bindeglied für den zunächst nicht einleuchtenden Zusammenhang zwischen Paradiesvertreibung und Verkündigung bzw. Kreuzigung ist die Vorstellung von Maria als der Gehilfin, Gefährtin oder Braut und die Auslegung des Hohenlieds auf Jesus und Maria als Brautpaar. Aus dem Hohenlied wird nun – neben anderen Bildern wie z. B. der Rose oder dem Apfelbaum – der „verschlossene Garten" übernommen. Das Bild soll einerseits auf die Jungfräulichkeit der Maria hindeuten, insbesondere in Verbindung mit einem Text aus Ezechiel, der von einer verschlossenen Tür spricht:

Ein verriegelter Garten ist meine Schwester und Braut, ein versiegelter Quell (Hld 4,12).

Dieses Tor soll verschlossen bleiben; es darf nicht geöffnet werden und niemand darf durch dasselbe hineingehen, weil der Herr, der Gott Israels, hier eingegangen ist; darum soll es verschlossen bleiben (Ez 44,2).

Aber andererseits ist der verschlossene Garten auch das Paradies, das Maria (mit ihrem Sohn) wieder öffnet (s. Abb. 16, S. 164).

Auf einem italienischen Fresko von 1421 läßt der Maler Giovanni da Modena Eva sagen: „Durch eine eitle Speise wird das Menschengeschlecht zugrunde gerichtet; weil ich die Pforte des Himmels verschlossen habe, werdet ihr sterben." Und Maria:

Abb. 20: Der Verkündigung an die – gehorsame – Maria stellt der italienische Maler G. di Paolo die Vertreibung aus dem Paradies wegen der ungehorsamen Eva gegenüber.

„Ich öffne jetzt den Himmel, den Eva verschlossen hatte; durch meinen Sohn werde ich jeden Schuldigen erretten.“[255]

Übrigens: Hier rettet Maria durch ihren Sohn, nicht der Sohn selbst ist der Erlöser!

Zusätzliches Bindeglied zwischen Verkündigung und Sündenfall/Vertreibung ist der Engel Gabriel. Zwar wird Gen 3,24 nur von Cherubim als Wachen vor dem Paradies gesprochen, und sie haben keinen Namen. Aber selbst wir bekamen noch zu hören und zu sehen, der Engel Gabriel habe Adam und Eva aus dem Paradies vertrieben (s. oben Abb. 20).

Auf Bildern finden wir fast immer einen *einzelnen* Engel, der Adam und Eva vertreibt – und auf dem zugeordneten Bild der Verkündigung ist es wieder *ein* Engel, der Maria die Botschaft verkündet; und Lukas benennt ihn: Gabriel.[256]

III   Passion

Ein Motiv der Sündenfallgeschichte taucht sowohl als Gegenstück zur Verkündigung als auch zur Kreuzigung auf: der *Apfel*. Verglichen wird das Tun der beiden Frauen. Maria willigt ein in den Willen Gottes. Dies wird gern als ein freier Willensakt dargestellt und kann sicher auch als solcher angesehen werden. Aber gleichzeitig ist Maria passiv: Sie läßt mit sich geschehen. Schließlich sagt sie nicht: „Ich *will* (schwanger werden und den Messias gebären)", sondern: „Es soll geschehen." Das „Fiat" ist doppeldeutig, und wenn es in einem Atemzug mit Gehorsam und Demut gepriesen wird, überwiegt für mich der passive Klang.

Eva ist aktiv; sie nimmt eine Frucht, sie ißt davon und gibt sie weiter an ihren Mann. Diese Handlung aber ist böse, und das Böse daran wird u. a. über die Frucht ausgedrückt, wieder aufgrund der lateinischen Übersetzung. Dort wird die Frucht zu einem Apfel, und das Wort für Apfel ist dasselbe wie für böse, schlecht: malum. So konnte schon früh auch hier ein Wortspiel dazu führen, daß der Apfel in Evas Hand eine negative Bedeutung bekam: Es war der Todesapfel. Aus der Etymologie wissen wir, daß der (Granat-)Apfel in vielen Mythen verschiedener Kulturen des Raumes um Palästina herum zu den Zeichen der großen Göttinnen gehörte und ein Lebenssymbol war.[257] Sie gaben ihn ihren Geliebten; Könige hielten ihn als Zeichen ihrer (göttlichen) Erwählung in der Hand. Eine Bezeichnung wie „Reichsapfel" sollte uns zu denken geben. Meist wird er als Weltkugel gedeutet; Kaiser Karl der Große ist damit abgebildet – zu einer Zeit, als die Kugelgestalt der Erde noch unbekannt war. Ich kann mir vorstellen, daß es der alte Granatapfel war, den die Göttin dem König verlieh – das Kreuz auf der Kugel ist möglicherweise der dahin veränderte Blütenstand des Granatapfels. Der Apfel in Evas Hand aber bedeutet grundsätzlich Böses: Begehrlichkeit, Sünde, Tod.

Aus einer Predigt von Bernhard von Clairvaux hören die Frauen seiner Zeit:

Eilt herbei, ihr Mütter! Eilt herbei, ihr Töchter! Eilt alle, die ihr nach Eva und aus Eva in Traurigkeit geboren werdet und gebärt! Kommt zum jungfräulichen Brautgemach, . . . seht, ein Engel spricht Maria an. Legt euer Ohr an die Wand und lauscht, was er ihr verkündet! Vielleicht vernehmt ihr etwas, das euch trösten kann. Freue dich, Vater Adam, aber noch mehr frohlocke du, Mutter Eva! . . . Jetzt naht die Zeit, da die Schmach getilgt wird und der Mann keinen Grund mehr hat, das Weib zu beschuldigen. Ungeschickt wollte er sich einst rechtfertigen und klagte dabei herzlos und ohne Scheu die Frau an, indem er sprach: „Das Weib, das du mir gegeben hast, gab mir von dem Baume, und ich aß." Darum eile, Eva, zu Maria! Eile, Mutter, zur Tochter! Die Tochter möge für die Mutter sprechen, möge die Schmach der Mutter tilgen, dem Vater für die Mutter Genugtuung leisten! Denn siehe, wie der Mann durch das Weib gefallen ist, so wird er auch nur durch das Weib wieder aufgerichtet . . Ein Weib wird für ein Weib gegeben, ein kluges für ein törichtes, ein demütiges für ein stolzes. Es soll dir statt der Frucht des Todes den Genuß des Lebens spenden und die Bitterkeit jener giftigen Speise in die Süßigkeit der ewigen Frucht verwandeln. Wende also das Wort böswilliger Entschuldigung in ein Dankgebet und sprich: „Herr, das Weib, das du mir gegeben hast, gab mir vom Baume des Lebens und ich aß, und die Frucht ward meinem Munde süßer als Honig, denn du hast mich durch sie neu belebt." Sehet also, dazu ist der Engel zur Jungfrau gesandt worden.[258]

Daß die Begehrlichkeit, die im Apfel symbolisiert ist, auch einen negativ getönten sexuellen Unterton hatte, zeigt die Unterschrift zu einer für Kaiser Maximilian 1513/1514 gemalten Miniatur. Wir sehen rechts Eva im Gespräch mit der weiblichen Schlange, nach dem Apfel greifend, der als Totenkopf gemalt ist, links Maria mit dem Kind, einen „echten" Apfel pflückend. Die Unterschrift lautet zu Eva:

Wie der todbringende Baum verderbliche Früchte, so nämlich hat Eva die Begierde des Fleiches als Folge des Sündenfalls hervorgebracht.

Und zu Maria (s. Abb. 21, S. 177):

Gleich einem Weinstock habe ich süßduftende Früchte getragen, und meine Blüten brachten Früchte voller Pracht und Lieblichkeit hervor.[259]

Abb. 21:   Maria und Eva mit ihren jeweiligen „Früchten".

Der Frucht der Eva, ihrem „Apfel", wird also Jesus als die Frucht der Maria gegenübergestellt, und zwar in zweifacher Form. Einmal ist das göttliche *Kind* die Frucht – dann finden wir die Szene des Apfelpflückens als Gegenstück zur Verkündigung.

Die Frucht kann aber auch der *Christus der Passion* sein, der durch seinen Opfertod die Menschen von aller Sünde (auch der

Erbsünde) erlöst und sich den Menschen im Abendmahl selbst zur Speise gibt. Für die letztere Gegenüberstellung werden die beiden *Bäume* gebraucht, an denen die „Früchte" hängen – hier der Paradiesbaum mit seinen todbringenden Äpfeln, da das Kreuz mit dem Erlöser.

Schon die Alte Kirche kennt den Vergleich der beiden „Bäume". Allerdings wird hier der alte dem neuen Adam gegenübergestellt, die Sünde also nicht (ausschließlich) mit der Frau identifiziert wie später im Westen in der Gegenüberstellung Eva – Maria.

Und so ist der Tag der Kreuzigung der Tag von Adams Übertretung. Am sechsten Tage wurde Adam geschaffen, und am selben Tage verließ er den Weg des Gehorsams. Jesus war gehorsam, als er am gleichen Tage die Qualen ertrug. Und zur sechsten Stunde wurden die Früchte genossen, auf daß wir zur selben Stunde, in der wir überwunden wurden, auch den Sieg erringen. Das Holz im Paradies, siehe, es ist das Holz des Kreuzes! Dort das Weib, durch das die Sünde in die Welt eintrat; hier die Jungfrau, die (das Wort des Gekreuzigten) vernahm: „Siehe, deine Mutter." Adam streckte an jenem Tage unheilvollerweise seine Hand aus; Jesus breitete seine schönen und heiligen Arme aus. Adam ging zum Baum; Jesus heftete seine Hände und Füße mit Nägeln an das Holz. Adam aß aus Begierde von der Frucht; Jesus schmeckte die Bitterkeit der Galle und des Essigs. Adam mußte vernehmen: „Dornen und Disteln soll dir die Erde tragen"; Jesus wurde aus eigenem Willen mit den Dornen Adams gekrönt. Adam empfing den Fluch; der gesegnete Jesus wurde für die Verdammten wie ein Verfluchter ans Kreuz geschlagen.[260]

Bei der Gegenüberstellung der beiden Bäume zeigt sich auch die antijüdische Tendenz noch einmal deutlich. In dem schon erwähnten Kreuzigungsbild der Herrad von Landsberg spricht der sterbende Jesus zu Ecclesia: „Unter dem Apfelbaum habe ich dich aufgeweckt", und zu Synagoge: „Dort wurde deine Mutter verdorben"[261] (s. Abb. 14, S. 158).

Beide Worte beziehen sich auf einen Vers aus dem Hohenlied (8,5), wo es allerdings heißt: „Unter dem Apfelbaum weck' ich dich auf. Dort kam in die Wehen mit dir deine Mutter" – das „verdorben" geht wieder auf das Konto der lateinischen Übersetzung des Hieronymus, dort steht „corrupta".

Unter dem Kreuzigungsbild heißt es erklärend: „Unter dem Baum des Kreuzes wurde die Synagoge verdorben, als die Schriftgelehrten und Pharisäer sprachen: Sein Blut komme über uns und unsere Kinder."[262]

Sollen wir uns nun freuen, daß die Frau Herrad mit der Synagoge offensichtlich nicht die Frau Eva meint?

Auf die Spitze getrieben wird die Bösartigkeit und Perversität des Vergleichs für mich, wenn der Vorgang des „Pflückens" gegeneinandergestellt wird und die Kreuzabnahme durch Maria dem Pflücken des Apfels durch Eva korrespondiert.

Diese Darstellungsweise finden wir im 14. Jahrhundert z. B. in einem Fresko im Emmauskloster in Prag. Dort lauten die entsprechenden Unterschriften:

„Eva nimmt den Apfel vom Baum; Maria empfing Christus vom Kreuz."[263]

Im 15. Jahrhundert malt Hugo van der Goes ein Diptychon mit diesem Thema. Mit Darstellungen dieser Art scheint mir die Polarisierung der „bösen" Eva mit ihrer „bösen" Frucht auf der einen und Maria als Gute auf der anderen Seite auf die Spitze getrieben. Im 15. Jahrhundert beginnen die Hexenverfolgungen. Frauen werden u. a. häufig angeklagt, andere Menschen vergiftet zu haben. Andererseits entbrennt in der Reformationszeit der Streit um den wahren Glauben – Maria steht in der katholischen Kirche für Glaube und Kirche (s. Abb. 22 u. 23, S. 180f). Ich denke, solche Bildprogramme trugen dazu bei, ein Klima zu erzeugen, in dem Frauen wegen Hexerei – und dazu gehörte auch der Unglaube – angeklagt und verfolgt werden konnten.

Außer der Perfidie des Vergleichs beider Frauen wird hier der Paradiesbaum in sein Gegenteil verkehrt – Weisheit, Erkenntnis des Guten und Bösen, ist schlecht und tödlich. (Der „Baum des Lebens" war ja schon in der Paradiesgeschichte selbst von dem der Erkenntnis abgetrennt worden). Und der tote Baum, der zum Töten hergerichtete Galgen, wird zum Lebensbaum – welch eine „Frucht" der Theologie!

Mary Daly macht im Zusammenhang ökologischer Gedanken auf die Schizophrenie dieses Bildes aufmerksam:

Abb. 22: Diptychon des Hugo van der Goes, linke Seite: Eva nimmt ihre „Frucht" vom Baum.

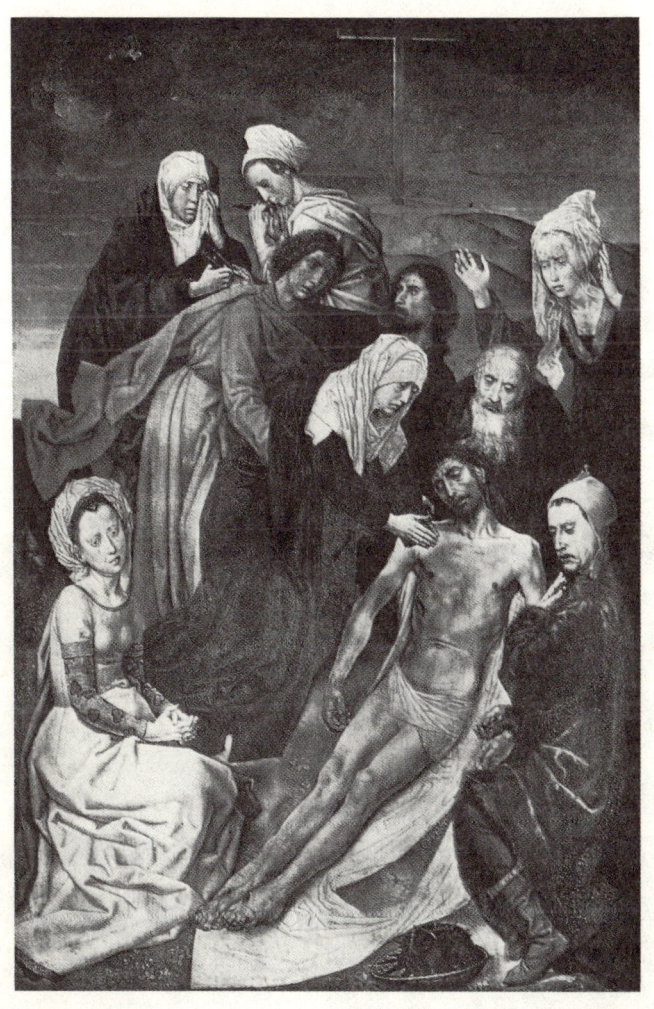

Abb. 23:   Diptychon des Hugo van der Goes, rechte Seite: Maria empfängt ihre „Frucht" Jesus vom (Kreuzes-)Baum.

„Der Baum des Lebens wurde ersetzt durch das nekrophile Symbol des toten Körpers, der am toten Holz hängt."[264]

Ich weiß, unsere ganze Theologie hängt daran, seit Paulus – eine Theologie vom Opfer, das ein für allemal für die Sünden aller Menschen gebracht worden ist; und alle Menschen sind Sünder, schon wegen der Erbsündenlehre. Aus Gesprächen mit vielen Frauen, sehr christlich erzogenen Frauen, weiß ich aber auch, daß diese Opfertheologie immer stärker abgelehnt wird. Und es erscheint mir in diesem Zusammenhang nicht uninteressant, daß Augustin seine Erbsündenlehre gegen Pelagius entwickelt hat, der sagte, daß jeder Mensch nur für sich selbst sündigte und verantwortlich sei, auch Adam und Eva.[265]

Die Ostkirche feiert die *Auferstehung* als entscheidendes Ereignis und stellt den Auferstandenen bevorzugt dar, nicht den Gekreuzigten. Und ich glaube nicht, daß wir mit einer solch veränderten Akzentuierung das theologische Problem nur verschieben (weil nur der Gekreuzigte auch auferstehen konnte). Als *Bild* und Symbol ist das des Auferstandenen ein positives, das des Gekreuzigten jedoch ein negatives, das durch theologische Überhöhung seiner Geschichtlichkeit beraubt wird.

IV Zusammenfassung und Folgerungen

1. Die Gegenüberstellung von Eva und Maria als der „neuen Eva" stammt schon aus der alten Kirche. Sie existiert dort aber nicht abgelöst von der schon bei Paulus beschriebenen Entsprechung von Christus als dem „neuen Adam". In der Ostkirche tauchen die beiden Frauen nie allein auf. Im *Zentrum steht Christus als der Erlöser*. Auch wenn die Gegensätze Schuld (Sünde, Tod) und Erlösung (Leben) benannt und entsprechend zugeordnet werden, so ist der Zielpunkt die Erlösung – es geht weniger um eine Polarisierung als um eine *positive Zielvorstellung*.

Ikonen der Ostkirche haben zur Antithese folgerichtig das Thema der Herausführung von Adam und Eva aus dem Grabe durch Christus.

2. In der Westkirche entwickelt sich die Antithese zunehmend als *Gegensatz der beiden Frauen* Eva und Maria. Auch wenn Christus und Adam nicht ausgeklammert sind, spielen die beiden Frauen die zentrale Rolle. Das läßt sich an den Bildprogrammen ablesen, die in der westlichen Kirche dazu geschaffen wurden, aber auch an den diesen Programmen zugrundeliegenden Begriffen.

Besonders häufig und durchgängig wird die *Ankündigung der Geburt Jesu* Szenen aus der *Sündenfallgeschichte* gegenübergestellt. Hier ist auf der Seite der Maria Jesus noch gar nicht als Handelnder anwesend. Adam taucht zwar im Bild auf – vor allem bei der Austreibung aus dem Paradies –, spielt aber keine aktive Rolle, zumal der Dialog mit der Schlange ja ohne ihn stattfindet, wie auch häufig genug das Apfelpflücken. Zur Gegenüberstellung von Paradies-Szenen mit der Verkündigung gehören Begriffe wie

Ungehorsam	– Gehorsam
Stolz	– Demut
Begehrlichkeit	– Hingabe an den
Verführung	Willen Gottes
Frucht des Todes	– Frucht des Lebens
Eva	– Ave.

Alle diese Begriffspaare beziehen sich allein auf die Frauen.

Die zweite neutestamentliche Szene, die zur Gegenüberstellung benutzt wird, ist die *Kreuzigung*. Vergleichsbilder sind hier die beiden *„Bäume"*: der Paradiesbaum als Todes- und das Kreuz als Lebensbaum. Einen weiteren Vergleich bilden die *„Früchte"* dieser Bäume: Eva pflückt den Todesapfel, Maria nimmt den lebenbringenden Christus vom Kreuz.

3. Die Kreuzigungsszene wird aber auch benutzt, um die *Geburt der Kirche* der *Geburt der Eva* gegenüberzustellen. Hier wird zwar nicht die „gefallene" und sündige Eva der Maria gegenübergestellt, die Parallelisierung ist aber trotzdem

☐ sexistisch
☐ hierarchisch
☐ antijüdisch.

Sexistisch ist daran die männliche Aneignung des Gebärvorgangs: Christus „gebiert" die Kirche (Wasser und Blut bedeuten die Sakramente der Taufe und des Abendmahls und symbolisieren damit die Kirche), und Adam „gebiert" die Eva – beide aus einer Seitenwunde.

Hierarchisch ist das Bild von der Kirche, der Ecclesia, als der Gefährtin Jesu (wie Eva als Gefährtin aus Adam). In Verbindung mit der Deutung des Hohenlieds auf Jesus und Maria ist die Maria unter dem Kreuz nicht nur seine Mutter, sondern auch als Ecclesia die jungfräuliche Braut. *Die* Kirche, in Person von Maria-Ecclesia ist also von Christus selbst eingesetzt.

Antijüdisch wird das Bild durch die Kontrastierung von Maria-Ecclesia mit Eva-Synagoge. Den Tod *aller* Menschen hat Eva verschuldet, den Tod Jesu am Kreuz die Juden.

4. Die Darstellung der *Schlange mit einem Frauenkopf* verdoppelte die Sünde der Frau Eva und zeigt sie als Verführte und Verführerin zugleich. Sünde und Sexualität sind seit der Entwicklung der Erbsündenlehre durch Augustin eng miteinander verknüpft. Die Verführung zur Sünde (und damit die Schlange) hat also auch etwas mit Sexualität zu tun. Und die frauenköpfige Schlange kann auch für Eva stehen: Eva *ist* die Schlange.

Maria, zur immerwährenden Jungfrau erklärt, war – darum – sündlos. Der Gegensatz der beiden Frauen konnte so in einem einzigen Bild ausgedrückt werden: Maria mit einer Frauengestalt, einem Frauenkopf oder einer (apfelessenden) Schlange unter ihren Füßen. Das konnte heißen: Maria besiegt die Sünde der (sexuellen) Begehrlichkeit.

Die Gleichsetzung von Maria und Ecclesia erlaubte in diesem Zusammenhang aber auch in der Schlangentreterin die militante, siegreiche Kirche zu sehen, die den Unglauben unter ihre Füße getreten hat.

5. Die prägende Kraft von Bildern war wohlbekannt und wurde sehr bewußt eingesetzt. Wir sollten uns Bilder, die Bildprogramme in der Kathedralplastik, an Fenstern oder in Büchern –, daraufhin genau ansehen, *was* denn hier gelernt werden sollte, speziell auch, was Frauen lernen sollten. Die Gegenüberstellung von Eva und Maria ist in diesem Zusammenhang sehr aufschlußreich.

D Schluß

Ich denke, es wird vielen schreibenden Menschen so gehen, daß sie sich nach langer und intensiver Auseinandersetzung mit einem Thema fragen: Wozu habe ich das nun gemacht, und wem wird es nützen?

Anfangs von Interesse und persönlicher Betroffenheit getrieben, stelle ich fest: Vieles ist der „Schnee von gestern", ist nicht mehr bestimmend für mein Leben und das vieler anderer Frauen. Aber dann bin ich doch nicht sicher, ob das für die Mehrheit von Frauen gilt. Vor allem meine katholischen Schwestern sind weiterhin beschränkt in ihren kirchlichen Engagements; und der Arm der Kirche versucht weiterhin, ins Privatleben hineinzureichen. Und evangelische Frauen, scheinbar gleichberechtigt als Pfarrerinnen oder Laiinnen auch in kirchenleitenden Organen und nicht „unterdrückt", können sich in bestimmten Zuschreibungen auch noch wiedererkennen.

Dennoch frage ich zunächst einmal nach einigen Jahren Beschäftigung mit diesem Thema: Was will ich nun eigentlich? Eine neue Eva? Eine neue Maria? Eine Synthese aus Eva und Maria[266] – die Wiederkehr der großen Göttin?

Eine Synthese stelle ich mir schon vor: Frauen sollten nicht aufgespalten sein in die gefährliche sexuelle Verführerin einerseits und die heilige Mutter andererseits, Frauen zudem, die nicht „arbeiten", genauer gesagt, nicht berufstätig sind oder deren Beruf für das „Eigentliche" zweitrangig ist. „Die Frau", ihr „Wesen" oder ihr Bild sollten nicht vom polaren Denken von

Männern bestimmt werden. Wir sollten selbst bestimmen, wer und wie wir sein wollen, unabhängig von Männern. Wir wollen selbst darüber entscheiden, ob wir mit Männern leben wollen oder nicht, Kinder haben wollen oder nicht. Wir wollen nicht Eva *oder* Maria sein, sondern selber unsere Lebensform wählen können und mit dieser nicht lebenslang festgelegt sein.

Neben dem Vor-Bild, das die beiden Frauengestalten für Frauen von heute bedeuten könnten, steht die Frage, was sie für unser Gottesbild aussagen. Für viele Frauen ist Maria wichtig geworden als die „heimliche Göttin". Eine solche wünsche ich mir nicht.

Um aus Maria die heimliche Göttin zu machen, braucht es neben dem neutestamentlichen Text noch allerlei Zutaten, sei es aus dem Volksglauben, sei es aus der offiziellen Mariologie, die Elemente des Volksglaubens zu kanalisieren versuchten. Für katholische Frauen, die mit dem Bild der überhöhten und stilisierten, aber auch blutleeren Maria aufgewachsen sind, mag es eine Versuchung sein, die heimliche Göttin in ihr (wieder)zufinden. Das Jungfrauenideal im Sinne von Autonomie zu deuten, scheint mir eine wichtige Neu-Interpretation der katholischen Mariengestalt zu sein. Die biblische Maria ist schlichter. Und mit dieser sind die meisten protestantischen Frauen bekannt gemacht worden, mit der liebreizenden jungen Mutter, die ein Kind erwartet, es aufwachsen sieht und hergeben, den Sohn schließlich sogar sterben sehen muß. Aus Maria allein die große Göttin machen zu wollen, vernachlässigt ihre andere Hälfte, die diffamierte Eva, die ebenfalls diesen Anspruch erheben könnte.

Es ist einleuchtend, daß am Anfang aller Religionen die große Mutter stand – am Anfang jedes Menschenlebens steht sie ja auch und wird als nährend, tröstend, beschützend, aber auch als bedrohlich erlebt. Eva und Maria sind Jungfrau und Mutter – beide weisen zurück auf die Große Mutter. Aber ich denke, so wie alle Menschen sich von ihrer Mutter lösen müssen, können wir auch nicht zurück zu Glauben und Kult der Großen Mutter. Selbst wenn es sich nachweisen ließe, daß matriarchale Kulturen lebensbejahend waren – Leben in Übereinstimmung mit der

Natur, kein Morden, keine Kriege, und vieles spricht dafür, wenn auch vielleicht nicht in der Polarisierung, die von manchen Frauen beschworen wird –, so führt kein Weg zurück. Die Gottheit JHWH ohne männlichen oder weiblichen Namen, der unbestimmte und geheimnisvolle Begriff (Ich bin, der ich bin, werde sein, der ich sein werde) war ein Schritt in die Richtung weg von der Über-Mutter. JHWH ist zu einem Über-Vater mit militanten Zügen gemacht worden, schon allein durch die Bezeichnung „Herr", die statt JHWH gesprochen werden mußte, weil der heilige Name nicht ausgesprochen werden durfte.

Aber „Herr" legt männliche Assoziationen nahe, herr-scherliche dazu. Der König, der Herr der Heerscharen . . . davor verblaßten die weiblichen Bilder JHWHs von der Mutter oder der Glucke.

Das Bild von JHWH wurde immer männlicher, immer militanter – schließlich wurde es von Männern geformt. (Es wäre interessant, einmal der Frage nachzugehen, ob die weichen und mütterlichen, die leidenden Züge im Gottesbild immer dann auftauchten, wenn es dem Volk schlecht ging, wenn es unterlegen war, und die militanten in Zeiten, wenn es siegreich war oder zu Kampf und Sieg aufrief.) Dennoch blieb die verschwundene Göttin ebenfalls erhalten, in der vergeistigten Form der „Weisheit", des „Geistes Gottes" oder der „Gegenwart Gottes" – einmal ganz abgesehen von den vergeblich bekämpften Göttinnen der Umwelt wie Anath, Astarte und Ascherah. Weisheit, Geist und Gegenwart Gottes sind im Hebräischen feminine Begriffe, und sie werden personalisiert – nicht umsonst hat Maria ihr Erbe angetreten. Weisheit – das heißt doch aber auch das Wissen darüber, was gut und böse ist. Noch in unserm Sprachgebrauch ist Weisheit eben mehr als Intelligenz; Weisheit hat ethische Elemente, fragt danach, ob etwas gut oder böse ist. In fast allen Kulturen ist Weisheit einer Göttin zugeordnet. Daß Eva nach der Erkenntnis des Guten und Bösen strebte, nach Weisheit eigentlich, wird negativ gesehen. Sie darf nicht positiv mit der Weisheit verbunden werden. Aber das ist es, was mir heute notwendiger denn je scheint, daß Eva weise sein darf und daß ihre Weisheit als solche anerkannt wird. Sie, die „Mutter alles

Lebenden", ist dem Leben näher. Noch immer sind es Frauen, die ein Kind 9 Monate in sich wachsen fühlen und die dieses Kind nicht für den Tod gebären wollen. Wie Maria hoffen sie, daß ihr Kind eine bessere Zukunft haben wird, in einer Welt leben wird, in der es nicht hoch und niedrig gibt.

Maria singt ihr Lied als Antwort auf die Frage einer *Schwester*, ihrer Kusine Elisabeth. Es gibt nicht nur ein hierarchisches Verhältnis von groß und klein, Mutter und Sohn, Vater und Sohn – oder Tochter –, „Herrn" und „Knecht" oder „Magd", sondern es gibt das Verhältnis von *Gleichen*, von Schwestern und Brüdern.[267] Im ersten Schöpfungsbericht (dem zeitlich späteren) werden Mann und Frau gleichzeitig geschaffen, und beiden gemeinsam wird die Erde gegeben, um sie sich „untertan" zu machen. Und aus diesem „Untertan-machen" ist später ein Gegenüber von Mensch und Natur entwickelt worden – das untertan machen von Frauen durch Männer eingeschlossen. Nicht umsonst wurden und werden Frauen immer wieder auf ihre „Naturhaftigkeit" festgelegt, und dies in negativem Sinne: Eben wegen ihrer Naturhaftigkeit müssen sie von Männern beherrscht werden. Auch ich habe gesagt, daß Frauen der Natur, dem Leben, näher sind als Männer, schon aufgrund ihrer Gebärfähigkeit. Aber dies will ich nicht im Sinne einer „Blut- und Boden-Theorie", einer romantischen Abkehr von der Rationalität und der Verherrlichung von Mutterschaft verstanden wissen. Meist haben Frauen ein stärkeres Bewußtsein davon, *in* der Natur zu leben und nicht ihr *gegenüber*. Weil sie dem Leben, dem langsamen Wachsen bis zum schließlichen Vergehen über die Jahrhunderte hinweg und von ihrer Gebärfähigkeit her immer näher gewesen sind als Männer, sind sie auch eher bereit, sie gegen Zerstörung und Ausbeutung zu schützen. Der ältere Schöpfungsbericht wußte vielleicht noch etwas von diesem Leben *in* der Natur, denn dem Menschen wurde der Garten gegeben, daß er ihn *„pflege und bebaue"*. Und auch der jüngere Bericht gibt unmittelbar nach dem Zuspruch, daß die Menschen sich die Erde untertan machen dürfen, einen Hinweis, der gegen Zerstörung und Ausbeutung spricht. In Gen 1, 28 wird gesagt, daß sie sich von den „samentragenden Bäumen" ernähren sollen –

vom Schlachten und Essen der Tiere ist nichts gesagt. Die Herrschaft über die Natur darf nicht zum Tode führen, sie ist Männern *und* Frauen aufgegeben. Männer sollen nicht über Frauen – und auch nicht über andere Männer – herrschen.

Der Sohn der Maria wollte unser Bruder sein. Eine Oster-Version aus einem apokryphen Evangelium bewahrt eine Erinnerung daran auf und zugleich die Resignation Jesu über die männliche Tendenz zum Hierarchischen. Er spricht zu seiner „Paargenossin"[268] Maria Magdalena:

Eilends werde fröhlich und geh zu den Elfen. Du wirst sie versammelt finden am Ufer des Jordans. Der Verräter hat sie überredet, Fischer zu sein, wie sie es vorerst waren . . . Sage ihnen: „Erhebt Euch, laßt uns gehen, es ist euer Bruder, der euch ruft." Wenn sie meine Bruderschaft verschmähen, sage ihnen: „Es ist euer Meister." Wenn sie meine Meisterschaft mißachten, sage ihnen: „Es ist euer Herr." Gebrauche alle Geschicklichkeit und allen Rat, bis du die Schafe zum Hirten gebracht hast . . .[269]

Mit diesem Zitat schließen meine Überlegungen wieder mit der Frau, die auch mit am Anfang stand: Maria Magdalena. Maria Magdalena steht weder unter noch über dem Mann; Jesus sieht sie als seine Schwester an und bezeichnet das Verhältnis von Frauen und Männern damit als eines von Geschwistern.
Es scheint mir in diesem Zusammenhang wichtig, daß das Wort „Geschwister" eine weibliche Wurzel hat: die Gemeinschaft von Brüdern und Schwestern wird von den Schwestern abgeleitet – vielleicht ein sprachlicher Hinweis auf eine matriarchale Vergangenheit und gleichzeitig eine Erinnerung an die Gleichrangigkeit von Frauen und Männern.

Anmerkungen

[1] Crüsemann, Frank, Er aber soll dein Herr sein, in: Crüsemann/ Thyen, Als Mann und Frau geschaffen (Kennzeichen 2), Gelnhausen 1978, S. 74; Westermann, Claus, Am Anfang, 1. Mose. Teil 1: Die Urgeschichte. Abraham. (Kleine Bibl. Bibliothek), Neukirchen-Vluyn 1985.

[2] Vgl. dazu z.B. Sorge, Elga, Religion und Frau (Urban-Kohlhammer TB), Stuttgart/Berlin⁴1987, S. 101ff.; Weiler, Gerda, Ich verwerfe im Lande die Kriege, München 1984, S. 114ff.

[3] Westermann, Claus, Schöpfung (Erw. Sudienausg.), (Themen der Theologie, Bd. 12), Stuttgart 1983.

[4] Göttner-Abendroth, Heide, Die Göttin und ihr Heros, München 1980; Schirmer, Eva, Bäume in der Mythologie, in: Schlangenbrut, Nr. 16, 1987.

[5] Wie z.B. Phyllis Trible (Gegen das patriarchale Prinzip in Bibelinterpretationen, in: Frauenbefreiung. Bibl. u. theol. Argumente, hrsg. von Elisabeth Moltmann-Wendel, München ³1982, S. 93ff., hier 102ff.) und Elga Sorge (a.a.O.).

[6] Lapide, Pinchas, War Eva an allem schuld? Gespräche über die Schöpfung, Mainz 1985, S. 95; Wiesel, Elie, Adam oder das Geheimnis des Anfangs. Brüderliche Urgestalten, Freiburg ²1983, S. 29.

[7] Sorge, a.a.O., S. 107.

[8] Vgl. dazu den Text S. 91f.

[9] Vgl. dazu die Texte S. 83ff.

[10] Rad, Gerhard von, Das erste Buch Mose (Genesis) (ATD 1), Göttingen ¹¹1981, S. 60. Crüsemann, a.a.O., S. 60.

[11] Sorge, a.a.O., S. 112; v. Rad, a.a.O., S. 51.

[12] Crüsemann, a.a.O., S. 64ff.; Westermann, Schöpfung, S. 143.

[13] Westermann, a.a.O., S. 144.

[14] Kahl, Brigitte, Das auserwählte Geschlecht, in: Politische Lektüre von Bibeltexten. Frauen legen die Bibel aus (Ev. Bildungswerk Dok. 55), Berlin 1986, S. 13.

[15] PKet 1,25 c, 20; zit. Strack/Billerbeck, Kommentar zum Neuen Testament, Bd 1, München 1922, S. 47.

[16] Göttner-Abendroth, a.a.O., S. 57.69; Schreier, Josefine, Göttinnen, Wien 1978, S. 17ff; Ringren, Helmut, Die Religionen des Alten Orient (ATD Erg. Bd.), Göttingen 1978, S. 47f.; 78ff.

[17] Veerkamp, Ton, Die Erhörung der Unteren. Luk. 1,26–56, in: Texte und Kontexte, 6, Stuttgart 1979.

[18] Schmithals, Walter, Das Evangelium nach Lukas (Zürcher Bibelkommentar, NT 17), Zürich 1980, S. 31.

[19] Kahl, a.a.O., S. 19f.

[20] Z.B.Schmithals, a.a.O., S. 31.

[21] Schmithals, a.a.O., S. 43.

[22] Schmithals, a.a.O., S. 39.

[23] BerR 18, PRE 12; zit. Staerk, W., Eva-Maria, in: ZNW 33, 1934, S. 101f.

[24] Leben Adams und Evas, in: Altjüdisches Schrifttum außerhalb der Bibel, übers. u. erl. von Paul Riessler, Augsburg 1928, S. 668–681.

[25] Die Apokryphen und Pseudepigraphen des Alten Testaments, übers. und hrsg. von E. Kautzsch, Bd. 2, Hildesheim 1962, S. 506ff.

[26] A.a.O., S. 512.

[27] Ebd.

[28] A.a.O., S. 514f.

[29] A.a.O., S. 517.

[30] A.a.O., S. 518f.

[31] Strack/Billerbeck, Bd. 3, S. 370f.

[32] Petuchowski, Jacob J., . . . Ferner lehrten unsere Meister. Rabbinische Geschichten aus den Quellen, Freiburg 1980, S. 92f (nach BerR 18.2, ed. Th. Albeck, S. 162–63).

[33] Lapide, Pinchas, War Eva an allem schuld? Gespräche über die Schöpfung, Mainz 1985.

[34] A.a.O., S. 87.

[35] A.a.O., S. 80.

[36] A.a.O., S. 86f.

[37] A.a.O., S. 91.

[38] A.a.O., S. 95.

[39] A.a.O., S. 94.

[40] Wiesel, Elie, Adam oder das Geheimnis des Anfangs, Freiburg ³1980.

[41] A.a.O., S. 24.

[42] A.a.O., S. 28f.

[43] A.a.O., S. 16.21.23.

[44] A.a.O., S. 29f.

[45] A.a.O., S. 32.

[46] A.a.O., S. 32f.

[47] Thraede, Klaus, Ärger mit der Freiheit, in: . . . Freunde in Christus werden (Kennzeichen 1), Gelnhausen 1977, S. 37. 43ff.71ff.109ff.; Heine, Susanne, Frauen der frühen Christenheit, Göttingen 1986, S. 37.

[48] Heine, a.a.O., S. 37.

[49] A.a.O., S. 151f.

[50] Thomas-Evangelium, in: Hennecke, Edgar/Schneemelcher, Wilhelm, Neutestamentliche Apokryphen, Bd. 1, Tübingen ³1959, S. 216.

[51] S. Heine weist mit Nachdruck darauf hin, daß es sich dabei um eine spiritualisierte Form der „Heiligen Hochzeit" handelt; sie setzt sich in diesem Zusammenhang kritisch mit Elaine Pagels auseinander, a.a.O., S. 139ff.

[52] Thomas-Evangelium, S. 43.

[53] Heine, a.a.O., S. 35f. (Apocryphon Johannes III, 28, 21; 31,6–32).

[54] Thomas-Akten, zit. Michaelis, W., Die Apokryphen Schriften zum Neuen Testament, Bremen 1951, S. 418ff.

[55] Tertullian, Über den Putz der Weiber, in: Tertullianus, Sämtliche Schriften, übers. von K.A.H. Kellner, Bd. 1, Köln 1882, S. 184.

[56] Ebd.

[57] A.a.O., S. 185f.

[58] A.a.O., S. 193.

[59] A.a.O., S. 184.

[60] A.a.O., S. 196.

[61] A.a.O., S. 200f.

[62] A.a.O., S. 204.

[63] Tertullian, Über die Aufforderung zur Keuschheit, a.a.O., S. 329.

[64] Tertullian, Briefe an seine Frau, a.a.O., S. 210f.

[65] Tertullian, Über die Aufforderung . . . , a.a.O., S. 322.

[66] Tertullian, Briefe an seine Frau, a.a.O., S. 206f.

[67] A.a.O., S. 213.

[68] A.a.O., S. 207.

[69] A.a.O., S. 210f.

[70] Irenäus von Lyon, Erweis der apostolischen Verkündigung 11–14, zit. Texte der Kirchenväter. Eine Auswahl nach Themen geordnet, zusammengestellt u. hrsg. von Alfons Heilmann unter Mitarb. von Heinrich Kraft, Bd. 1, München 1963, S. 300f.

[71] Johannes von Damaskus, Darlegung des orthodoxen Glaubens, 2,11, zit. Texte der Kirchenväter, a.a.O., S. 306.

[72] Athanasius, Gegen die Heiden 2–3; zit. Texte der Kirchenväter, a.a.O., S. 340f.

[73] Augustinus, Aurelius, Vom Gottesstaat 13, zit. Texte der Kirchenväter, a.a.O., S. 337f.

[74] Johannes von Damaskus, a.a.O., S. 312.

[75] Warner, Marina, Maria. Geburt, Triumph, Niedergang. Wiederkehr eines Mythos, München 1982, S. 82.

[76] Augustinus, Vom ersten katechetischen Unterricht, 2,29, zit. Texte der Kirchenväter, a.a.O., S. 301.

[77] Augustinus, Vom Gottesstaat 13; zit. Texte der Kirchenväter, a.a.O., S. 337f.

[78] A.a.O., 14,10; zit. Texte der Kirchenväter, a.a.O., S. 307f.

[79] A.a.O., S. 316f.

[80] Augustinus, Bekenntnisse und Gottesstaat, in: Sein Werk, ausgew. von Joseph Bernhart, Leipzig o.J., S. 277.

[81] A.a.O., S. 300.

[82] Thomas von Aquin, Summa Theologiae, Regensburg I,92; II,1126, zit. Schirmer, Eva, Mystik und Minne, Berlin 1984, S. 45f.

[83] Hildegard von Bingen, Heilkunde. Das Buch von dem Grund und Wesen der Heilung der Krankheiten. Nach den Quellen übers. u. erl. von Heinrich Schipperges, Salzburg 1957, S. 103.

[84] A.a.O., S. 124.

[85] A.a.O., S. 104.

[86] A.a.O., S. 125.

[87] A.a.O., S. 204.

[88] A.a.O., S. 135.

[89] A.a.O., S. 103.

[90] Christine de Pizan, Das Buch von der Stadt der Frauen, aus d. Mittelfranz. übers. u. komm. von Margarete Zimmermann, Berlin 1986, S. 55.

[91] A.a.O., S. 56.

[92] Trible, Phyllis, Gegen das patriarchale Prinzip . . . , a.a.O., S. 102ff.

[93] Zu Luthers Stellung bezüglich des Verhältnisses von Frau und Mann als Partner, Eltern und Glieder der Kirche s. die ausführliche Abhandlung von Gerta Scharffenorth, Freunde in Christus, in-: . . . Freunde in Christus werden, a.a.O., S. 183–302.

[94] Luther, Martin, Werke (WA), Bd. 25, S. 504.

[95] Luther, Eine Predigt vom Ehestand 1525, WA 17,1, S. 26. In diesem und den folgenden Zitaten gleiche ich die Schreibweise der heutigen an, behalte aber den originalen Wortduktus bei.

[96] A.a.O., S. 21.

[97] A.a.O., S. 22.

[98] A.a.O., S. 24.

[99] A.a.O., S. 25.

[100] A.a.O., S. 27.

[101] A.a.O., S. 24.

[102] A.a.O., S. 23.

[103] Institoris, Heinrich/Sprenger, Jacobus, Mallaeus Maleficarum (Hexenhammer); zit. Aus der Zeit der Verzweiflung, hrsg. von Gabriele Bovenschen u.a. (es 840), Frankfurt [3]1980, S. 244 – 247 (Ausz.).

[104] Marinella, Lucretia, Le nobiltà et Eccelenze delle Donne . . . 1600, zit. Schüngel-Straumann, Helen, Zur Wirkungsgeschichte biblischer Texte im Hinblick auf das christliche Frauenbild, in: Eva – Verführerin oder Gottes Meisterwerk? Philosophie- und theologiegeschichtliche Frauenforschung (Hohenheimer Protokolle, Bd. 21), Rottenburg/Stuttgart 1987, S. 58.

[105] A.a.O., S. 58f.

[106] Schüngel-Straumann, a.a.O., S. 37–72.

[107] Gorgias, Johannes (Poliandin, Gestürtzter Ehrenpreiss . . . 1666); zit. Schüngel-Straumann, a.a.O., S. 45.

[108] A.a.O., S. 42.

[109] Thomasius, De foeminarum eriditione, 1671/1676; zit. Schüngel-Straumann, a.a.O., S. 45.

[110] Barth, Karl, Kirchliche Dogmatik III/1, Zürich [4]1970, S. 344f.

[111] A.a.O., S. 346f.

[112] A.a.O., III/4, S. 181

[113] A.a.O., S. 188.

[114] A.a.O., S. 189f.

[115] A.a.O., S. 190f.

[116] A.a.O., S. 201.

[117] Rad, Gerhard von, Das erste Buch Mose (Genesis) (ATD 1), Göttingen [11]1981; die 12. Aufl. erschien 1987; meine folgenden Zitate beziehen sich jedoch auf die 11. Aufl.

[118] A.a.O., S. 65.

[119] A.a.O., S. 61.

[120] Ebd.

[121] Westermann, Claus, Schöpfung (Erw. Studienausg.) (Themen der Theologie, Bd. 12), Stuttgart 1983, S. 131; ders., Genesis 1–11 (BKAT I/1), S. 349.

[122] Westermann, Schöpfung, a.a.O., S. 132; ähnlich Westermann, Genesis a.a.O., S. 349.

[123] Westermann, Schöpfung, a.a.O., S. 141; Westermann, Genesis, a.a.O., S. 351f. Hier betont Westermann ausdrücklich. Gott ist sonst nur „Subjekt des Segnens, Subjekt des Fluchens ist er im AT außerhalb der Urgeschichte niemals".

[124] v. Rad, a.a.O., S. 69.

[125] Westermann, a.a.O., S. 148.

[126] v. Rad, a.a.O., S. 51.

[127] A.a.O., S. 64.

[128] v. Rad, a.a.O., S. 62.

[129] A.a.O., S. 63.

[130] A.a.O., S. 64.

[131] Crüsemann, a.a.O., S. 60.

[132] Ebd.

[133] Westermann, Schöpfung, a.a.O., S. 126; ebenso: Westermann, Genesis, a.a.O., S. 317f. Westermann betont hier ausdrücklich, daß nicht vom Verlassen des Eltern*hauses* die Rede sei, sondern lediglich vom Verlassen der Eltern – Matrilokalität soll nicht einmal gedacht werden.

[134] v. Rad, a.a.O., S. 60.

[135] Westermann, a.a.O., S. 123.

[136] v. Rad, a.a.O., S. 59.

[137] Crüsemann, a.a.O., S. 59.

[138] Kramer, S., Sumerian Mythology, Philadelphia 1944, p.31; zit. Schreier, a.a.O., S. 88. Westermann zitiert Kramer zwar in anderem Zusammenhang, erwähnt auch kurz einen weiteren englischen Text, nach dem die „Rippe" auf einem sumerischen Wortspiel beruhe mit „the lady who makes live" (Genesis, a.a.O., S. 314), aber den naheliegenden Schluß zieht er nicht, daß damit der Mythos einer lebenschaffenden Göttin anklingt.

[139] Ben Chorin, Schalom, Mutter Mirjam. Maria in jüdischer Sicht, München ³1984.

[140] A.a.O., S. 155.

[141] A.a.O., S. 43.

[142] A.a.O., S. 47f.

[143] A.a.O., S. 49.

[144] A.a.O., S. 51.

[145] A.a.O., S. 57.

[146] A.a.O., S. 76–78 (Ausz.).

[147] A.a.O., S. 81.

[148] A.a.O., S. 82.

[149] A.a.O., S. 84.

[150] A.a.O., S. 85f.

[151] A.a.O., S. 99–100 (Ausz.).

[152] A.a.O., S. 103.

[153] A.a.O., S. 106f.

[154] A.a.O., S. 119.

[155] A.a.O., S. 151.

[156] A.a.O., S. 28.

[157] A.a.O., S. 152.

[158] Weisheit Salomos, Kap. 9.

[159] Philippus-Evangelium; zit. Jelsma, Auke, Heilige und Hexen, Konstanz 1977, S. 37.

[160] Die Beginen wurden verboten und verfolgt durch einen Spruch des Konzils von Vienne 1311, weil sie u. a. über die Trinität diskutierten (vgl. Schirmer, Mystik und Minne, S. 89f.).

[161] Mulack, Christa, Maria – die geheime Göttin im Christentum, Stuttgart 1985; Warner, Marina, Maria. Geburt, Triumph, Niedergang. Wiederkehr eines Mythos, München 1982; Ruether, Rosemary Radford, Maria. Kirche in weiblicher Gestalt (Kaiser-Traktate 48), München 1980; Halkes, Catharina, Gott hat nicht nur starke Söhne (GTB 371), Gütersloh 1985, S. 92ff.

[162] Ruether, a.a.O., S. 61.

[163] Warner, a.a.O., S. 143f.

[164] A.a.O., S. 122.

[165] A.a.O., S. 125.

[166] Das Protevangelium des Jakobus, Text in deutscher Übers., in: Hennecke/Schneemelcher, a.a.O., Bd. 1, S. 280–290. Ich zitiere im folgenden nach der Kapitel- und Verseinteilung dieser Ausgabe.

[167] Warner geht davon aus, daß dies auch heute noch der heimliche Grund der katholischen Kirche sei, Frauen vom Priesteramt auszuschließen (a.a.O., S. 108ff).

[168] A.a.O., S. 52f.

[169] A.a.O., S. 70.

[170] Hieronymus, Eusebius, Über die beständige Jungfrauschaft Mariens. Gegen Helvidius, in: Hieronymus, Ausgewählte historische, homiletische, dogmatische Schriften, Bd. 1, (BKV), Kempten & München 1914 aus dieser Ausgabe stammen die folgenden Zitate.

[171] Ep.49 ad Pammachium c 18; zit. Hieronymus, a.a.O., S. 258.

[172] Ebd.

[173] A.a.O., S. 262–264.

[174] A.a.O., S. 269.

[175] A.a.O., S. 271.

[176] A.a.O., S. 272f.

[177] A.a.O., S. 277f.

[178] A.a.O., S. 279.

[179] A.a.O., S. 281.

[180] A.a.O., S. 283f.

[181] A.a.O., S. 287.

[182] A.a.O., S. 289f.

[183] A.a.O., S. 290.

[184] A.a.O., S. 291.

[185] Ben Chorin, a.a.O., S. 27.

[186] Ambrosius von Mailand, Über die Jungfrauen, in: Ambrosius, Ausgewählte Schriften, Bd. 3, Kempten & München 1914, S. 346–351 (Ausz.).

[187] Vgl. dazu Warner, a.a.O., S. 108f.

[188] A.a.O., S. 140ff.

[189] Hennecke/Schneemelcher, a.a.O., S. 281.

[190] Augustinus, De natura et gratia, Kap. 36; zit. Warner, a.a.O., S. 281.

[191] Warner, a.a.O., S. 84.

[192] Bernhard von Clairvaux, 174. Brief zu den Canones von Lyon; zit. Warner, a.a.O., S. 283.

[193] Warner, a.a.O., S. 361; s.a. der SPIEGEL, 57/1983, S. 163.

[194] Ranke-Heinemann, Uta, Für eine menschlichere Mariologie, in: Deutsche Volkszeitung/die tat, 24/1987, S. 16.

[195] Warner, a.a.O., Kap. 20, S. 345ff.

[196] Ranke-Heinemann, a.a.O.

[197] Johannes Paul II., Redemptoris Mater, Bonn 1987, S. 57f.

[198] A.a.O., S. 58.

[199] Ratzinger, Joseph Kardinal/Balthasar, Hans Urs von, Maria – Kirche im Ursprung, Freiburg/Basel/Wien ²1981, S. 21.

[200] Ratzinger, Joseph, Erwägungen zur Stellung von Mariologie und Marienfrömmigkeit im Ganzen von Glaube und Theologie, in: Maria – Kirche im Ursprung, a.a.O., S. 15.

[201] Warner, a.a.O., S. 140ff.

[202] Johannes Paul II., a.a.O., S. 8.

[203] Balthasar, Hans Urs von, Maria in der Kirche, Lehre und Frömmigkeit, in: Maria – Kirche im Ursprung, a.a.O., S. 43.

[204] Warner, a.a.O., S. 280.

[205] A.a.O., S. 142ff.

[206] A.a.O., S. 146ff.

[207] Maria – Kirche im Ursprung. Wort der Bischöfe, a.a.O., S. 23.

[208] A.a.O., S. 48.

[209] A.a.O., S. 52.

[210] Johannes Paul II., a.a.O., S. 16f.

[211] A.a.O., S. 25.

[212] A.a.O., S. 26f.

[213] A.a.O., S. 46.

[214] A.a.O., S. 54f.

[215] Vgl. die in Anm. 161 angegebene Literatur.

[216] Johannes Paul II., a.a.O., S. 9; der Papst zitiert im folgenden das 2. Vaticanum.

[217] Schmithals, a.a.O.

[218] A.a.O., S. 26.

[219] A.a.O., S. 27.47.

[220] A.a.O., S. 27.

[221] A.a.O., S. 28.

[222] A.a.O., S. 31.

[223] Ebd.

[224] A.a.O., S. 39.

[225] A.a.O., S. 28.

[226] Guldan hat in seinem Buch ausführlich und kunsthistorisch in allen Einzelheiten die verschiedenen Parallelisierungen und Antithesen in Texten und Bildern erläutert und ist dabei vielen Einzelmotiven nachgegangen. Ich folge im wesentlichen seinen Ausführungen, beschränke mich aber auf einige mir zentral erscheinende Motive und frage zusätzlich nach den Interessen, die zu ihrer Ausbildung führten. Für alle, die sich intensiver, vor allem kunsthistorisch mit diesem Thema auseinandersetzen, bleibt die Lektüre von Guldan unerläßlich (Guldan, Ernst, Eva und Maria – eine Antithese in Bildern, Graz/Köln 1966). Zusätzlich beziehe ich mich auf M. Warner, a.a.O., Kap.: „Die neue Eva".

[227] Vgl. dazu die Texte S. 50ff.

[228] Sogenannter 2. Clemensbrief, Hennecke/Schneemelcher, Neutestamentliche Apokryphen in deutscher Übers., Tübingen ²1924, S. 594; zit. Guldan, a.a.O., S. 33.

[229] Tertullian, De anima, 43; zit Guldan, a.a.O., S. 33.

[230] Augustinus, Ennartio in Psalmum 138,2; zit. Guldan, a.a.O., S. 33.

[231] Augustinus, Sermo 22,10; PL 38,154; zit. Guldan, a.a.O., S. 29.

[232] Jakob von Sarug, Homilia 1. De beata virgine Mariä; zit. Guldan, a.a.O., S. 29.

[233] Pseudo-Albertus Magnus, Mariale, Quaestio 29; zit. Guldan, a.a.O., S. 80.

[234] Göttner-Abendroth, a.a.O. Göttner-Abendroth zeigt dieses Motiv als ein durchgängiges in den Mythen des Alten Orients und des Mittelmeerraumes auf.

[235] Ephraem der Syrer, In Genesin 3,6; zit. Guldan, a.a.O., S. 113.

[236] Zit. bei Thomas Ackermann, Das Heilswerk Gottes im Bild erfahren, in: Lutherische Monatshefte, 1987, S. 354 (leider ohne Quellenangabe).

[237] Ebd.

[238] Guldan, a.a.O., S. 47.

[239] Irenäus von Lyon, Gegen die Häresien V (BKV), Kempten & München 1914, S. 309.

[240] A.a.O., S. 313.

[241] Justin, Dialogus cum Tryphone Iudaeo 100; zit. Guldan, a.a.O., S. 26f.

[242] Zit. nach Guldan, a.a.O., S. 45.

[243] Alfonso el Sabio, Cantigas de Santa Maria (hrsg. v. d. Real Academia Espanola), I, Madrid 1889, S. 87f; zit. Guldan, a.a.O., S. 58f.

[244] Institoris/Sprenger, a.a.O.; zit. Aus der Zeit der Verzweiflung, a.a.O., S. 344.

[245] Tertullian, De carne Christi 17; zit. Guldan, a.a.O., S. 27.

[246] Zeno von Verona, Traktate, Buch I, Traktat 14 (BKV, R.2), München 1934, S. 164f.

[247] Speziell zum Thema Verkündigung s. Guldan, a.a.O., S. 55–89 mit den zugehörigen Abb.

[248] Guldan, a.a.O., S. 70f (Bildbeispiele S. 264–266).

[249] A.a.O., S. 13f. (Bildbeispiel Abb. 242f.).

[250] Vgl. dazu S. 124.

[251] Rupert von Deutz, Commentaria in Canticum Canticorum 2; zit. Guldan, a.a.O., S. 96f.

[252] Vgl. dazu Guldan, a.a.O., Abb. 109–151.

[253] Für Künstler der Renaissance-Zeit mag auch ihre Kenntnis der antiken Mythologie eine Rolle gespielt haben; die griechische Sphinx, die ja auch Schlangenanteile an ihrem Körper hatte, trug einen Frauenkopf. Andererseits ist in dieser Zeit die frauenköpfige Schlange bereits allgemein verbreitet.

[254] Vgl. S. 124 u. Abb. 19, S. 172).

[255] Guldan, a.a.O., S. 137, Abb. 152.153.

[256] Ben Chorin gibt einen interessanten Hinweis zu Gabriel, indem er sagt, der Bote *ist* die Botschaft. Gabriel heißt „Mann Gottes" – mehr hatte der Engel eigentlich nicht zu sagen; Ben Chorin, a.a.O., S. 41.

[257] Vgl. S. 12 und Anm. 4. 234.

[258] Bernhard von Clairvaux; zit. Guldan, a.a.O., S. 57.

[259] Guldan, a.a.O., S. 143, Abb. 159.

[260] Severian von Gabala, 14. Armenische Homilie in Passionem Christi; zit. Guldan, a.a.O., S. 31.

[261] Guldan, a.a.O., S. 113.

[262] Ebd.

[263] Guldan, a.a.O., S. 114; leider sind die Fresken zu zerstört, um als Abbildung reproduzierbar zu sein.

[264] Daly, Mary, Gyn-Ökologie, München 1981, S. 38.

[265] Warner, a.a.O., S. 82; vgl. S. 61f in diesem Buch.

[266] Sorge, a.a.O., S. 113f.

[267] Vgl. dazu den Aufsatz von Brigitte Kahl, a.a.O.; sie vertritt die These, daß Lukas 1 eine Umwertung der Zeit und der – hierarchischen – Wertvorstellungen ist.

[268] Pistis Sophia; zit. Hennecke/Schneemelcher, a.a.O., S. 175.

[269] Das Evangelium des Mani; zit. Hennecke/Schneemelcher, a.a.O., S. 264.

Quellennachweis der Abbildungen

Abb. 1: Mitannisches Rollsiegel aus Megiddo. Rockefeller Museum, Jerusalem, aus: U. Winter, Frau und Göttin, Göttingen 1983, Abb. 143.

Abb. 2: Michael Wolgemut, Erschaffung Evas, aus: H. Schedel, Das Buch der Chroniken, Nürnberg 1493.

Abb. 3: Herrad von Landsberg, Die Erschaffung Evas (1185), aus: Herrad von Landsberg, Der Paradiesgarten, ausgew. und erl. von M. Heinsius, Colmar/Paris/Freiburg 1968.

Abb. 4: Miniatur aus „Mater verborum". Bildatlas Bd. II: Mittelalter, Leipzig 1883.

Abb. 5: Albrecht Dürer, Heimsuchung, aus: A. Dürer, Marienleben, mit einer Einführung von W. Timm, Dresden 1955, S. 9.

Abb. 6: Reinigungsopfer Marias, aus: J. Longnon (Hg.), Les Trés Riches Heures du Duc de Berry, London 1969.

Abb. 7: Breviarium Grimani: Sündenfall, aus: H. Wolf, Der Meister des Breviarium Grimani, Berlin (DDR) 1981, Abb. 17.

Abb. 8: Albrecht Dürer, Himmelfahrt Marias, aus: A. Dürer, Marienleben (s. Angaben zu Abb. 5), S. 19.

Abb. 9: Albrecht Dürer, Maria wird dem Tempel übergeben, ebd., S. 6.

Abb. 10: Jesus und Maria im Paradies, aus: (s. Angaben zu Abb. 6).

Abb. 11: Lucas Cranach d. Ä., Ruhe auf der Flucht nach Ägypten (1504), Archiv.

Abb. 12: Bible moralisée: Geburt und Hochzeit der Kirche (um 1240), aus: A. de Laborde, La Bible moralisée illustrée I, Paris 1911, Taf. 6.

Abb. 13: „Geburt der Kirche" und „Geburt der Eva" (um 1310), aus: Biblia Pauperum. Blockbuch des 14. Jahrhunderts (Edition Cassirer), Berlin 1906, S. XXIV.

Joan Puls
**Brannte nicht
unser Herz?**
Spiritualität in moderner Zeit

144 Seiten, br., DM 16,80
ISBN 3-7664-9251-9

Joan Puls lädt ihre Leser dazu ein, aufs neue den
„Emmaus-Weg" (vgl. Lk. 24, 13-35) zu gehen, d. h. Spiritualität nicht in lebensfremden Gebieten zu suchen, besonderen Situationen vorzubehalten oder hinter Kirchen-
mauern zu verbannen, sondern im alltäglichen Leben zu
erfahren und — zu leben.

Als Zeugnis persönlicher Pilgerschaft fordert das
Buch die Leser dazu auf, für sich selbst zu entdecken, wie
der Geist Gottes das kleinste und einfachste Erlebnis
durchscheint und der menschlichen Hoffnung nach einem lebenswerten Leben Gestalt gibt — so wie die Geste
des Brotbrechens den Jüngern Augen und Herz öffnete.

 **Burckhardthaus-Laetare Verlag**

J. S. Pobee und
B. von Wartenberg-Potter (Hg.)

**Komm, lies
mit meinen Augen**

Biblische und theologische Entdeckungen
von Frauen aus der Dritten Welt

Bärbel v. Wartenberg-Potter
J.S. Pobee (Hrsg.)

Komm, lies
mit meinen Augen

Biblische und theologische
Entdeckungen von Frauen
aus der Dritten Welt

160 S., broschiert, DM 16,80
Bestell-Nr. 9246-2

,,Komm, lies mit meinen Augen'' ist die Aufforderung, mit den Augen von Betroffenen neu zu lesen; wir müssen zu allen Zeiten immer wieder einen neuen Zugang zu unseren alten Texten und Traditionen suchen, um ihre Wichtigkeit und Bedeutung für unser Leben wiederzuentdecken.

Hier sind einige der Entdeckungen, die Frauen heute machen, indem sie ihre eigene Tradition mit einem geschärften Bewußtsein sehen und lesen. Sie fordern uns auf dreierlei Weise heraus:

■ Sie weisen klar auf die Lebenssituation hin, aus der heraus die Frauen schreiben.

■ Sie bringen die theologischen und spirituellen Entdeckungen zum Ausdruck, die Frauen gemacht haben.

■ Die einzelnen Kapitel legen Gedanken zu biblischen Texten dar sowie Reflexionen zur Situation von Frauen in der Kirche.

 **Burckhardthaus-Laetare Verlag**